HANDEBOL EM CADEIRA DE RODAS

Instituto Phorte Educação
Phorte Editora

Diretor-Presidente
Fabio Mazzonetto

Diretora-Executiva
Vânia M. V. Mazzonetto

Editor-Executivo
Tulio Loyelo

Esta obra é recomendada pelo Conselho Editorial da Phorte Editora Ltda. Para verificação
da composição, regulamentação e ato constitutivo, acesse www.phorte.com/conselho.

Handebol em Cadeira de Rodas
Regras e Treinamento

Décio Roberto Calegari • Paulo Ferreira de Araújo • José Irineu Gorla

São Paulo, 2010

Handebol em cadeira de rodas: regras e treinamento
Copyright © 2010 by Phorte Editora

Rua Treze de Maio, 596
CEP: 01327-000
Bela Vista – São Paulo – SP
Tel/fax: (11) 3141-1033
Site: www.phorte.com
E-mail: phorte@phorte.com

Nenhuma parte deste livro pode ser reproduzida ou transmitida de qualquer forma ou por quaisquer meios eletrônico, mecânico, fotocopiado, gravado ou outro, sem autorização prévia por escrito da Phorte Editora Ltda.

CIP-BRASIL. CATALOGAÇÃO-NA-FONTE
SINDICATO NACIONAL DOS EDITORES DE LIVROS, RJ

G682h

Gorla, José Irineu, 1964-
  Handebol em cadeira de rodas: regras e treinamento / José Irineu Gorla, Décio Roberto Calegari, Paulo Ferreira de Araújo. - São Paulo: Phorte, 2010.
  120p.: il.

Inclui bibliografia
ISBN 978-85-7655-248-2

1. Handebol. 2. Atletas deficientes. 3. Esportes para deficientes físicos. I. Gorla, José Irineu, 1964-. II. Calegari, Décio Roberto. III. Araújo, Paulo Ferreira de.

09-4531.		CDD: 796.312
		CDU: 796.322
01.09.09 09.09.09		014950

Impresso no Brasil
Printed in Brazil

AGRADECIMENTOS

Agradeço à minha esposa, Regina, e às minhas filhas, Luíza e Lígia. Dedico a alegria e a emoção deste momento, pela cumplicidade, entendendo e aceitando as ausências e transformando as presenças em momentos de qualidade.

Agradeço aos amigos Paulo e Gorla pelo incentivo e pelo estímulo para aprofundar meus estudos e, principalmente, pelas oportunidades de crescimento e evolução acadêmica e profissional.

Um agradecimento especial ao professor Leonildo Bagio, por acreditar em meu potencial e possibilitar a transformação de sonhos em realidade, compartilhando conhecimento e sabedoria.

Décio Roberto Calegari

Dedicar e compartilhar as conquistas.

Dedico sempre à minha Mãe, Eva Ferreira Roque, à minha Esposa, Adélia, e aos nossos filhos, Pedro Araújo e Andre Araújo. Essas pessoas são parte de minha história, mas, o mais importante, é que minha história esta sendo escrita juntamente com elas.

Razão e Emoção

Temos o direito de amor?
Mas não o direito de impedir o amor!
Temos a necessidade de ser sempre amados?
Mas não a certeza de ser amados para sempre!
Temos o desejo de viver amando?
Mas não a garantia de sermos amados por toda a vida!

Nesse contexto, a razão e a emoção alternam-se como reguladores do direito, da necessidade, da certeza e do desejo como forma de garantia o equilíbrio.

Paulo Ferreira Araújo

Agradeço à minha esposa, Josiane, e aos meus filhos, Rafaela e Daniel. Dedico a alegria e a emoção deste momento, pela compreensão e pelo carinho com que me acompanharam ao longo da minha carreira acadêmica.

Agradeço à minha família: meu pai, Irineu, minha mãe, Julia, minha irmã, Maria Helena, e meus irmãos, Marcos e Ricardo, partes fundamentais de meu desempenho profissional.

José Irineu Gorla

Agradecimento especial

Aos atletas que cederam suas imagens para ilustrar algumas ações do Handebol em cadeira de rodas: Paulo Ricardo Fanco, Jaime Augusto Reis, Bruno Damasceno, Alexandre Taniguchi e Luis Fernando Costa.

Apresentação

Este livro foi coletivamente construído para suprir uma demanda de informação na prática e construção de uma modalidade paradesportiva.

Também contribui para demonstrar que a escassez de informação, ao invés de desestimular o pesquisador, deve ser vista como uma oportunidade.

Oportunidade que os autores não deixaram escapar e que, com este livro, consolidam no cenário nacional, lançando os alicerces no que pode ser a primeira modalidade paradesportiva de origem brasileira: o Handebol em Cadeira de Rodas – HCR.

A introdução é destinada ao registro dos fatos históricos que marcaram a construção da proposta de adaptação do Handebol para a prática em Cadeira de Rodas, sendo importante ressaltar o cuidado dos autores em registrar todas as ações de adaptação da prática do Handebol, não se restringindo apenas à prática em cadeira de rodas.

No primeiro capítulo, o professor Paulo Ferreira de Araújo faz um resgate histórico e conceitual do Paradesporto Brasileiro estabelecendo paralelos entre a iniciação desportiva no desporto convencional e a inclusão da pessoa com deficiência no contexto da prática desportiva. Registra as principais iniciativas nacionais e faz algumas projeções que indicam caminhos para a evolução da modalidade, principalmente no que diz respeito a seu papel social.

No segundo capítulo, o professor Décio Roberto Calegari apresenta as propostas de adaptação de regras que têm norteado as competições disputadas no Brasil e que estão sendo adotadas no Chile, em Portugal e na China.

O terceiro capítulo apresenta uma abordagem metodológica do HCR identificando os fundamentos técnicos e táticos da modalidade, sendo importante ressaltar que se trata da base inicial onde, espera-se, sejam construídos novos estudos e apresentadas inovações que contribuam para a evolução do Handebol em Cadeira de Rodas.

No quarto capítulo, o professor José Irineu Gorla registra as bases científicas de construção do HCR para que técnicos, atletas e curiosos tenham à disposição instrumentos e ferramentas que permitam avaliar o trabalho desenvolvido, contribuindo para o desenvolvimento qualitativo da modalidade e do movimento paraolímpico.

As ações que vêm sendo desenvolvidas desde 2005 e que combinam prática esportiva e reflexão científica permitiram ampliar o número de equipes em treinamento de forma acelerada, tanto que, em dezembro de 2008, o HCR Brasileiro já contava com quatro equipes no Paraná (UNIPAR – Campus Toledo, FAESI/UNIGUAÇU – São Miguel do Iguaçu, Prefeitura Municipal de Francisco Beltrão e UNIPAR – Campus Cianorte), três equipes em São Paulo (ADEACAMP/UNICAMP – Campinas, ADERES/ Sorocaba, UFSCAR – São Carlos), uma em Santa Catarina (Clube Roda Solta – Itajaí) e uma no Rio Grande do Sul (Universidade Federal de Santa Maria – UFSM), que se dedicam exclusivamente ao treinamento do Handebol em Cadeira de Rodas.

Merecem registro também algumas ações desenvolvidas que podem ser consideradas marcos históricos na evolução do HCR e que são relatadas em ordem cronológica:

2005
- apresentação da proposta de regras na Reunião Anual da SBPC (Sociedade Brasileira para o Progresso da Ciência) realizada em Fortaleza/CE;
- apresentação da proposta de regras no Congresso da Sociedade Brasileira de Atividade Motora Adaptada (SOBAMA), realizado em Rio Claro/SP;
- publicação do artigo completo contendo as práticas adaptadas de Handebol e as regras do HCR nos Anais do 9º Congresso Brasileiro de Ciências do Esporte, realizado em Porto Alegre/RS;
- apresentação do HCR realizado nos Jogos Sul-Brasileiros do Trabalhador, realizados em Foz do Iguaçu, que possibilitou a participação do HCR na série de vídeos educacionais Esporte Adaptado, produzida pela ONG Amankay, a pedido do SESI – Serviço Social da Indústria;

2006

- realização do primeiro curso de HCR durante o Simpósio Internacional de Atividade Física Adaptada, promovido pelo SESC – Serviço Social do Comércio – em São Carlos/SP, oportunidade em que foi distribuído material sobre HCR em CD para pesquisadores da Itália, Espanha, Chile e para o futuro presidente da IFAPA, o israelense Shayke Hutzler;
- organização da primeira Copa Oeste de Handebol em Cadeira de Rodas, realizada em Toledo, que contou com a presença das equipes da UNIPAR – Campus Toledo (organizadora), FAG – Cascavel e da equipe de Basquetebol da UNIPAR – Umuarama;
- apresentação de estudo de força e agilidade em atletas do HCR na Reunião Anual da SBPC – Sociedade Brasileira para o Progresso da Ciência – realizada em Florianópolis/SC;
- apresentação da modalidade no intervalo do jogo de Futsal do Campeonato Paranaense, com a presença de mais de 4 mil pessoas, no Ginásio de Esportes Alcides Pan, em Toledo/PR;
- apresentação do HCR com jogo entre as equipes da UNIPAR – Campus Toledo e FAG – Cascavel no intervalo do amistoso internacional envolvendo as seleções do Brasil e da Hungria, com transmissão ao vivo pela TV Cultura (vídeo da apresentação pode ser acessado no youtube);

2007

- apresentação da modalidade durante o Curso de Especialização em Handebol realizado pela UNIFIL em Londrina, onde participaram 30 técnicos e árbitros de dez estados brasileiros;
- apresentação da equipe da ATACAR/UNIPAR – Toledo no lançamento do Centro de Esportes Adaptados da Prefeitura de Francisco Beltrão/PR;
- apresentação do HCR na ANDEF – Associação Niteroiense de Deficientes Físicos – durante os Jogos Panamericanos RIO 2007, onde as equipes da UNIPAR e da UNICAMP assistiram

às semifinais e finais do Handebol Masculino e Feminino dos PAN RIO 2007.

- apresentação de HCR e Capoeira na Abertura do ISAPA – Simpósio Internacional de Atividade Física Adaptada, que pela primeira vez era realizado no Hemisfério Sul, na cidade de Rio Claro/SP. Uma foto da apresentação foi publicada no site da ICSSPE – Conselho Internacional de Educação Física e Esporte, uma das principais instituições científicas da área no mundo;
- publicação de trabalhos durante o ISAPA 2007 – Simpósio Internacional de Atividade Física Adaptada – realizado na cidade de Rio Claro/SP;
- realização do segundo curso de HCR, durante o Simpósio Paranaense de Educação Física e Esporte Adaptado, realizado na UNIPAR – Campus Toledo/PR;
- realização dos primeiros Cursos de Arbitragem de Handebol em Cadeira de Rodas ministrados na UNIPAR – Campus Toledo/PR e na UNICAMP/SP, onde também aconteceu o primeiro jogo de HCR no Estado de SP, entre as equipes da UNICAMP e de Indaiatuba;
- realização da 2ª Copa Oeste de HCR, contando com a participação das equipes da ATACAR/UNIPAR – Toledo, APEDEF – Ponta Grossa e ADEFIU/UNIPAR – Umuarama;
- apresentação de trabalhos no Simpósio Internacional de Ciências do Esporte, promovido pelo CELAFISCS – Centro de Estudos do Laboratório de Aptidão Física de São Caetano do Sul, realizado em São Paulo/SP;

2008
- inclusão do HCR na programação da Itajaí Handball Cup, evento que reúne anualmente equipes de Handebol de Brasil, Argentina, Chile e outros países. Neste evento foi realizado o primeiro confronto entre equipes de estados diferentes, envolvendo as equipes do Clube Roda Solta – Itajaí/SC e da ATACAR/UNIPAR – Toledo;

- apresentação de trabalho no ICSEMIS 2008 – Congresso Pré--Olímpico –, que contou com a presença da Comissão Científica do IPC – International Paralympic Comittee – e divulgou o HCR para pesquisadores da China, Bélgica, Estados Unidos, Angola, Malásia, Alemanha e Venezuela, contando com o apoio da Confederação Brasileira de Handebol;
- realização da 3ª Copa Oeste de HCR, que presenciou o desafio interestadual envolvendo as equipes da ATACAR/UNIPAR – Toledo e Clube Roda Solta – Itajaí/SC;
- apresentação do HCR no Encontro Nacional de Professores de Handebol das Instituições de Ensino Superior Brasileiras realizado em Bonito/MS e promovido pela Confederação Brasileira de Handebol, onde cem professores universitários que ministram a disciplina de Handebol receberam material de divulgação do HCR;
- apresentação de trabalhos no Simpósio Internacional de Ciências do Esporte, promovido pelo CELAFISCS – Centro de Estudos do Laboratório de Aptidão Física de São Caetano do Sul – realizado em São Paulo/SP;
- apresentação de trabalhos no Congresso Brasileiro de Educação Especial, realizado na Universidade Federal de São Carlos/SP;
- realização do primeiro jogo de HCR envolvendo equipes de HCR no Estado de São Paulo, entre as equipes da ADEACAMP/UNICAMP e da UFSCAR – São Carlos;

2009
- apresentação de HCR na REATECH – Feira Internacional de Tecnologias em Reabilitação, Inclusão e Acessibilidade – envolvendo as equipes da ADERES – Sorocaba/SP e ATACAR/UNIPAR – Toledo/PR;
- realização do 1º Campeonato Paulista de HCR, realizado na cidade de Campinas, organizado pela ADEACAMP, também contando com a presença das equipes da ADERES – Sorocaba e UFSCAR – São Carlos;

- realização do 1º Campeonato Paranense de HCR, realizado na cidade de Toledo, organizado pela ATACAR/UNIPAR – Toledo, também contando com a participação das equipes da UNIPAR/CIANORTE, Prefeitura de Francisco Beltrão e FAESI/UNIGUAÇU – São Miguel do Iguaçu;
- realização do 1º Campeonato Brasileiro de Handebol em Cadeira de Rodas, realizado na cidade de Toledo e organizado pela equipe da ATACAR/UNIPAR – Toledo.

Sumário

INTRODUÇÃO 15

1

ESPORTE ADAPTADO 21
Paulo Ferreira de Araújo

1.1 Esporte adaptado: um olhar para além de sua prática . . . 23
1.2 Projeções 48

2

REGRAS DO JOGO DE HANDEBOL EM CADEIRA DE RODAS 51
Décio Roberto Calegari
José Irineu Gorla
Ricardo Alexandre Carminato
Anselmo de Athayde Costa e Silva

2.1 Regras gerais do HCR7 53
2.2 A quadra 53
2.3 A cadeira de rodas 53
2.4 Sistema de classificação de jogadores 54
2.5 Violações específicas para o HCR7 55
2.6 Regras gerais do HCR4 56
2.7 A quadra 58
2.8 Sistema de classificação de jogadores 59
2.9 Violações específicas para o HCR4 59

3
INICIAÇÃO AO TREINAMENTO DO HANDEBOL EM CADEIRA DE RODAS ... 63

José Irineu Gorla
Décio Roberto Calegari
Ricardo Alexandre Carminato
Anselmo de Athayde Costa e Silva

3.1 Fundamentos técnicos ... 65
3.2 Fundamentos táticos. ... 73
3.3 Classificação dos sistemas defensivos ... 78

4
AVALIAÇÃO MOTORA EM HANDEBOL EM CADEIRA DE RODAS ... 85

José Irineu Gorla
Décio Roberto Calegari
Anselmo de Athayde Costa e Silva

4.1 Métodos de avaliação física no Handebol em Cadeira de Rodas. ... 87
4.2 Avaliação do desempenho técnico: Scout ... 94
4.3 Bateria de testes de habilidades motoras para HCR 101

REFERÊNCIAS ... 107

SOBRE OS AUTORES ... 115

Introdução

Falar e escrever sobre esportes é naturalmente prazeroso, porém, escrever sobre esportes adaptados é, acima de tudo, um exercício de responsabilidade social. Desenvolver um projeto de esporte adaptado confere aos professores e aos acadêmicos envolvidos habilidades profissionais ímpares, qualificando e aperfeiçoando conhecimentos que se constroem no cotidiano da relação professor-aluno e/ou técnico-atleta.

No caso específico do HCR (Handebol em Cadeira de Rodas), o prazer foi ainda maior, pois foi possível observar que, além de favorecer a saudável e integradora prática de um esporte coletivo a uma população acostumada ao abandono, a construção de um esporte dinâmico e com plasticidade é capaz de torná-lo atrativo para o público e, consequentemente, para a mídia.

Outra vantagem que o HCR apresenta é a possibilidade de aprendizado com as dificuldades enfrentadas por outras modalidades coletivas adaptadas, como o rúgbi e o basquete em cadeira de rodas, o que permite antever e evitar percalços do caminho.

O fato de a construção da modalidade ocorrer em um ambiente acadêmico, em que teoria e prática interagem de forma a construir uma práxis efetiva, potencializou e acelerou o desenvolvimento da modalidade, fazendo que surgisse a necessidade de construção de um referencial que auxiliasse na implantação e no desenvolvimento de equipes de HCR. Este é um desafio que este livro pretende enfrentar.

Tem-se como perspectiva um futuro promissor para o HCR, pois a facilidade no aprendizado, aliada às experiências de sucesso mais prematuras e constantes, fará que esta modalidade se desenvolva em ritmo acelerado, pois está apoiada em recursos tecnológicos disponíveis, transformando-se, em breve, em um caso de marketing esportivo, que tem neste livro seu primeiro alicerce.

Para cumprir este objetivo, este livro, inicialmente, apresenta um breve relato histórico do desenvolvimento do esporte adaptado, construído pelo professor Paulo Ferreira de Araújo, um dos primeiros pesquisadores brasileiros a explorar essa temática.

Na sequência, são apresentadas as adaptações das regras do HCR7, que utiliza como fundamento as regras do handebol de salão e das regras do HCR4, que adapta as regras do handebol de areia.

Para facilitar a implantação de equipes de HCR, o Capítulo 3 apresenta os conceitos básicos para o desenvolvimento de uma metodologia de treinamento do Handebol em Cadeira de Rodas.

O Capítulo 4 apresenta o ferramental desenvolvido para avaliação motora no HCR e que deve ser utilizado para a estruturação de equipes em bases científicas sólidas, fortalecendo e aprimorando o desenvolvimento do HCR.

Os principais instrumentos utilizados no diagnóstico, no acompanhamento e na avaliação do handebol em cadeira de rodas estão descritos no Apêndice.

COMO SURGIU O HANDEBOL EM CADEIRA DE RODAS

O fato gerador do interesse em resgatar as ações práticas que tiveram por objetivo adaptar o jogo de handebol para pessoas portadoras de deficiência foi o encontro de três trajetórias profissionais: a vivência do professor Décio Roberto Calegari na modalidade, em que já exerceu as funções de atleta, árbitro, treinador e dirigente, e o prazer proporcionado pelo desenvolvimento de trabalhos com portadores de necessidades especiais, a partir da implantação do Projeto de Atividades Motoras Adaptadas (Projeto AMA), idealizado pelo professor José Irineu Gorla junto ao curso de Educação Física da Universidade Paranaense e coordenado pelo professor Ricardo Alexandre Carminato junto à UNIPAR Campus Toledo, que foi aluno do professor Gorla e o sucedeu na APAE de Rolândia, antes de também assumir a disciplina de Educação Física Adaptada e o Projeto AMA junto ao Curso de Educação Física da UNIPAR, onde contribuiu de maneira decisiva para a implantação prática das atividades do Handebol em Cadeira de Rodas.

Inicialmente, foi produzido um estudo exploratório que, além de identificar as iniciativas que já existiam nesta modalidade, pretendeu estabelecer os parâmetros iniciais para a inclusão da modalidade no Projeto AMA e a construção de um referencial teórico e técnico para a implantação e a evolução da modalidade no âmbito do Movimento Paraolímpico Nacional e Internacional.

A estratégia inicial foi identificar na internet as iniciativas que preveem a utilização do handebol adaptado para cadeirantes por meio de *sites* de busca.

Cabe registrar que este não é um livro definitivo sobre o assunto. Se alguém teve uma experiência de adaptação do handebol e gostaria de registrá-la, basta enviar um *e-mail* com documentos, fotos e depoimentos para que seja incluído neste histórico.

As principais iniciativas identificadas, tanto em âmbito nacional como internacional, estão narradas a seguir.

INICIATIVAS NACIONAIS

HANDEBOL NA TERCEIRA IDADE

Em âmbito nacional, foram identificadas ações de desenvolvimento de handebol para a Terceira Idade nas cidades de Itajaí – SC, Descalvado – SP e na Universidade Metodista de São Paulo.

HANDEBOL ESPECIAL

Tem-se conhecimento de uma equipe de Curitiba que teria disputado uma competição internacional, tendo, inclusive, conquistado resultados expressivos. Porém, como a informação é verbal, não foi possível registrar dados sobre essa participação, que está contemplada internacionalmente na sequência quando se registram as Olimpíadas Especiais.

INICIATIVAS INTERNACIONAIS

Em âmbito internacional, a pesquisa permitiu identificar que existem adaptações do handebol para surdos e deficientes mentais com a modalidade fazendo parte dos *Deaflympics* (olimpíadas dos deficientes auditivos) e das *Special Olympics* (olimpíadas especiais), nos quais o handebol é disputado em três formatos diferenciados.

DEAFLYMPICS – DEFICIENTES AUDITIVOS

Na Olimpíada para deficientes auditivos realizada em Melbourne, Austrália, em janeiro de 2005, cinco seleções masculinas disputaram medalha de ouro. Na primeira fase, as cinco seleções jogaram entre si em turno único, e a classificação final determinou os jogos das semifinais.[1]

A Croácia, que terminou a fase de classificação em primeiro lugar, venceu a Dinamarca (4ª colocada) por 30 a 22, enquanto os Estados Unidos (3º colocado) surpreenderam a Alemanha (2ª colocada) por 24 a 22.

Na disputa pela medalha de bronze, a Alemanha venceu a Dinamarca por 26 a 20 e a Croácia conquistou a medalha de ouro ao ganhar dos Estados Unidos (prata) por 43 a 26.[2]

O que chama a atenção no handebol disputado por deficientes auditivos é a utilização das mesmas regras da *International Handball Federation* (Federação Internacional de Handebol) – IHF –, facilitando a integração e o desenvolvimento motor deles.

---

[1] www.deaflympics.com (2005).
[2] www.deaflympics.com (2005).

SPECIAL OLYMPICS (OLIMPÍADAS ESPECIAIS)

Já nas Olimpíadas Especiais, algumas adaptações são necessárias. Inicialmente, todos devem passar por uma bateria de testes classificatórios que incluem quatro provas: tiro ao alvo; velocidade de passe; drible e força de arremesso. Todos os jogadores fazem o teste e o escore da equipe é determinado pela soma dos sete melhores resultados divididos por sete.

As competições são disputadas em quatro situações diferenciadas:

- Equipes de handebol utilizando os mesmos sete jogadores do handebol normal, com a possibilidade de cinco reservas;
- Equipes com cinco jogadores e quatro reservas;
- Equipes mistas com quatro deficientes mentais e três não deficientes;
- Provas individuais para atletas que não têm condições de participar das competições de equipes, compostas por três provas: passe com alvo, drible em dez metros e arremesso.[3]

PRECURSORES DO HANDEBOL EM CADEIRA DE RODAS

A bibliografia que serviu de base para o desenvolvimento deste livro foi um artigo publicado pela acadêmica Daniela Eiko Itani, sob a orientação dos professores doutores Paulo Ferreira de Araújo e José Julio Gavião, em que as condições em que se desenvolveu a prática do handebol para cadeirantes na UNICAMP são apresentadas.

Ao adaptar as regras às condições dos deficientes, Itani (2004) relaciona, entre as principais dificuldades encontradas pelos praticantes, o tamanho da quadra e a quantidade de jogadores, que sofriam grande variação, impedindo a prática do jogo com sete jogadores.

---

[3] www.specialolympics.org (2005).

Uma dúvida que não ficou esclarecida em seu artigo diz respeito aos impulsos na cadeira, que, levando em consideração a possibilidade de serem dados três impulsos, proporcionaria um grande deslocamento para o jogador. Estas informações foram destacadas, pois foram fundamentais no desenvolvimento da proposta implantada no Projeto AMA – Atividade Motora Adaptada, desenvolvido pela Universidade Paranaense em Toledo – PR.

Foram identificadas iniciativas isoladas das prefeituras de Santos, São Sebastião e Jundiaí nos estados de São Paulo e Rio de Janeiro, por parte da Prefeitura da Capital e do Centro Educacional Santa Mônica, na Bahia, pelo Núcleo de Educação Física e Esporte Adaptado de Feira de Santana e na Sociedade Hípica de Campinas/SP.

Também foram identificadas ações de prática do handebol em cadeira de rodas no Rio de Janeiro, protagonizadas pelos professores Sandra Perez e Pablo Alves Jr., que informaram que a proposta apresentava um direcionamento terapêutico.

1
ESPORTE ADAPTADO
Paulo Ferreira de Araújo

1.1 Esporte adaptado: um olhar para além de sua prática

1.1.1 A pessoa deficiente e o esporte

À medida que um tema passa a transitar por diferentes veículos de comunicação, é sinal de que vem sendo de interesse ou está causando alguma transformação nas relações até então estabelecidas pelos segmentos sociais e, aos poucos, está sendo incorporado enquanto elemento novo e transformando os conceitos até então vigentes. O debate em torno desse assunto depende de sua relevância para as pessoas envolvidas, a mídia enquanto produto, o meio científico, as organizações institucionais e os interesses políticos.

Pensando na trajetória do esporte adaptado (*paradesporto*), desde seu surgimento até a atualidade, observa-se que tem trilhado caminhos juntamente com os demais movimentos que envolveram as pessoas em condições especiais.

1.1.2 O processo de iniciação esportiva no esporte convencional

Tentando conhecer o ser humano e seu desenvolvimento nos mais diferentes aspectos, pesquisadores como Montagner, Go Tani, Paes Bento, Garganta, Balbino, Scaglia e Freire têm procurado estabelecer conexões com outras áreas mediante a reflexão de abordagens, conteúdos ou estratégias, provocando mudanças nas formas de percebê-los.

Entre estes autores, Paes e Montagner têm desenvolvido estudos com relação às ações no campo da iniciação esportiva, observando as relações e as interações promovidas por meio de novas propostas, nas quais as pessoas são vistas em seu estágio de desenvolvimento, além da compatibilização de propostas no campo da prática esportiva. Seus estudos têm buscado entender melhor sobre treinamento esportivo, desenvolvimento técnico, desenvolvimento motor, aprendizagem esportiva, detecção de talentos, especialização esportiva, especialização precoce, biodinâmica etc. com o intuito de compreender o aceite e a aderência à prática esportiva nos mais diferentes estágios do desenvolvimento humano.

Com relação à iniciação esportiva para as pessoas em geral, é possível afirmar que acontece dentro de um perfil que pode ser assim sintetizado:

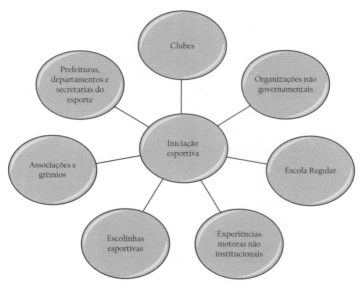

Figura 1.1 – Perfil referente à iniciação esportiva para as pessoas em geral.

Em nossa atual e multifacetada sociedade, a forma de aproximação ao esporte também seguirá essa pluralidade. Portanto, a criança oriunda de família com estrutura econômica estável, desde muito cedo, poderá ser encaminhada a clubes ou escolinhas de judô, futebol, balé, jazz, natação etc. Dessa forma, ao longo de sua vida, fazer parte de grupos esportivos será algo espontâneo.

Existem também crianças cuja iniciação esportiva acontece a partir do futebol praticado no terreno baldio do bairro onde moram, ou, ainda, por meio de trabalhos voluntários desenvolvidos em associações e grêmios comunitários, como organizações não governamentais (ONGS).

Nesse quadro geral de possibilidades, existem ainda as indicações feitas por profissionais de saúde como nutricionistas (em casos de obesidade, por exemplo), médicos (em casos como problemas de circulação, por exemplo), psicólogos (crianças hiperativas, tímidas, depressivas, sedentárias etc.), além de professores e profissionais da Educação Física nos mais diversos casos.

Também está claro o fato de que a iniciação esportiva ganha maior popularidade quando o esporte passa a ser conteúdo da disciplina de Educação Física na escola, já que, além de outros problemas, a iniciação esportiva "realizada nos *clubes, nos grêmios comunitários e nas* ONGS reduz as possibilidades relativas ao número de crianças que poderão ter acesso ao esporte" (grifo nosso) (Paes, 1996, p. 12).

Além disso, em algumas escolas, muitas pessoas têm seus direitos de participação e aprendizado em relação à Educação Física "seccionados". Isso ocorre quando esse conteúdo é trabalhado de forma fragmentada, visando à formação de atletas e à promoção de talentos esportivos, o que hoje pode ser observado como orientação governamental nos vários discursos do atual presidente da República.

O esporte deve ser entendido como conteúdo de uma área de conhecimento, e sua proposta de ensino deve ser cuidadosamente planejada e organizada, uma vez que, por intermédio da intervenção do professor ou do profissional de Educação Física, poderá acontecer uma nova atitude do aluno em relação ao seu estilo de vida, e não apenas a aquisição de uma *habilidade esportiva motora ou técnica*.

A Pedagogia do Movimento atualmente assume a identidade de Pedagogia Esportiva, que tem passado a ser a linha norteadora das ações no campo da iniciação esportiva. Seus ideários estão centrados na promoção de experiências motoras diversificadas, com a intenção de promover o envolvimento e, consequentemente, o desenvolvimento.

Nesse cenário, as pessoas deficientes, em sua maioria, atuaram como espectadores, uma vez que, por um longo tempo, ficaram alijadas durante seu crescimento e desenvolvimento físico, motor, emocional e social das experiências motoras mais globais, principalmente aquelas relacionadas à participação efetiva nas aulas de Educação Física.

Felizmente, esse quadro vem mudando e as questões que envolvem as discussões e os estudos com relação à inclusão têm colaborado sobremaneira para essa mudança.

1.1.3 A PESSOA DEFICIENTE E SUA ADESÃO À PRÁTICA ESPORTIVA

> Conceber é o ato de se permitir ser ou ter. É a realização no mundo do desejo e o prazer da realização. (Araújo, 2006)

A complexidade de abordar o esporte para as pessoas em condições de deficiências está relacionada ao seu envolvimento com o mesmo. Inicialmente, podemos destacar dois pontos para reflexão nas questões referentes à deficiência e à sua forma de adesão ao esporte.

- *Deficiência adquirida*: é aquela que a pessoa adquire a partir de quaisquer situações, de caráter transitório ou permanente;
- *Deficiência congênita*: é uma deficiência com a qual a pessoa nasce.

Nossa intenção é construir um esboço sobre como essas pessoas com deficiência fazem sua aproximação, aceitação e aderência à atividade física, tornando-se, assim, praticantes do esporte adaptado. Portanto, relataremos como foi essa aproximação tempos atrás, quando do início dos trabalhos com esse grupo.

Para tal, somos forçados a reconhecer a grande contribuição das intervenções, inicialmente, terapêuticas e curativas, envolvendo a atividade física para pessoas com deficiência adquirida. Um fato que ilustra nossa afirmação é o término da I Guerra Mundial, nos Estados Unidos, quando começa a preocupação com o retorno dos veteranos de guerra, surgindo, assim, a necessidade de mudança no programa de reabilitação até então utilizado nos hospitais e nas clínicas de tratamento.

Outro marco importante para o esporte adaptado e, por sua vez, para a aproximação da pessoa em condição de deficiência ao esporte, foi o término da II Guerra Mundial.

Entendemos ser necessário pontuar as ações e as reações, ou seja, do diagnóstico da deficiência à *prática esportiva sistematizada na perspectiva das pessoas com deficiências, observando os diferentes estágios até a prática esportiva sistematizada*, ou seja, da reabilitação até a inclusão das pessoas em condições de deficiência em eventos esportivos.

FIGURA 1.2 – Caminhos para a aceitação e a adesão ao esporte adaptado.

A prática esportiva por pessoas com deficiência adquirida tem seu início, em sua grande maioria, em um contexto de (re)construção de caminhos, ou seja, após estabilizar as alterações decorrentes da deficiência, sejam elas relativas aos níveis orgânico ou psicológico.

A estabilização dos problemas imediatos ou secundários dessa condição inesperada possibilita novas tentativas, que, por sua vez, acontecem no campo social e no esporte, emergindo em uma busca de ampliação da participação da Pessoa com Deficiência (PCD) na vida como um todo. Esse primeiro momento busca estabelecer o mundo da descoberta em situação nova, vivenciada por aquele corpo também novo dentro de um novo contexto social.

O momento posterior às novas descobertas de possibilidades é o de conquistas possíveis, segurança, recuperação da autoestima, ampliação das oportunidades, percepções de potenciais, seja no campo social ou no dos benefícios orgânicos por meio dessa nova forma de agir e viver. Este é o momento em que a atividade física pode influenciar positivamente.

A atividade física pode influenciar porque, dependendo da maneira pela qual a intervenção acontece, esses benefícios podem se manifestar. Na verdade, se o trabalho de intervenção tiver o ideal de corpo voltado à performance, o que poderá acontecer de imediato e colaborar para reforçar aspectos negativos, a busca do ideal pode "desconectar" o ser do que na verdade é, ou seja, de seu corpo real.

Esta é uma realidade não apenas com relação à PCD, mas a qualquer pessoa que se deparar com profissionais que desenvolvam intervenções desligadas dos valores, das sensações e dos desejos daqueles que estão sobre sua responsabilidade em trabalhos na área da educação física.

Vários autores têm tratado a prática do esporte como um fenômeno e o seu significado em diferentes momentos da civilização humana, conforme descreve Huizinga (1980, p. 23):

> No curso do desenvolvimento de toda e qualquer civilização, a função agonística atinge sua forma mais bela, que é também a mais fácil de discernir, na sua fase arcaica. À medida que uma civilização vai se tornando mais comple-

xa, vai se ampliando e revestindo de forma mais variada, e que as técnicas de produção e a própria vida social vão se organizando de maneira mais perfeita, o velho solo cultural vai sendo gradualmente coberto por uma nova camada de ideias, sistemas de pensamento e conhecimento; doutrinas, regras e regulamentos; normas morais e convenções que perderam já toda e qualquer relação direta com o jogo. Dizemos, nesse momento, que a civilização se tornou mais séria, devido ao fato de atribuir ao jogo apenas um lugar secundário. Terminou o período heroico, e a face agonística parece, ela também, pertencente unicamente ao passado.

No esporte convencional, podemos recorrer ao trabalho de Montagner (1999), *A formação do jovem atleta e a pedagogia da aprendizagem esportiva*, no qual relata que as experiências esportivas que antecedem a atividade de competição adotada por um atleta na fase adulta são resultados de inúmeras experiências motoras e esportivas, vivenciadas, em geral, na faixa etária entre 7 e 15 anos.

Os atletas entrevistados na pesquisa de Montagner relataram até oito atividades praticadas como entretenimento em jogos de crianças anteriores à modalidade desenvolvida na atual fase, que indicam uma trajetória provável de ser trilhada pelos atletas de diferentes modalidades esportivas no decorrer de seu desenvolvimento e que contribuiu para suas performances naquela modalidade escolhida.

Ao tentar visualizar a trajetória do atleta com deficiência, é preciso atenção e preparação para entender o contexto em que ocorrem essas práticas a fim de ter um histórico preciso que mapeie sua real significação na vida dessas pessoas.

Portanto, é fundamental responder à questão: quais as verdadeiras contribuições do esporte para as pessoas com deficiência em nosso país? Para isso, ouvir os seus praticantes é fundamental.

- Principais pontos levantados nos debates pelas pessoas com deficiência ou por profissionais ligados à área que dificultam o acesso ao esporte adaptado:
  - Falta de uma política que possibilite de fato o desenvolvimento dessa prática;

- Falta de apoio dos diferentes segmentos de governo e da sociedade para tornar essa prática uma realidade na vida dos que a buscam, mesmo com diferentes propósitos;
- Segregação e preconceito (em decorrência do desconhecimento dos fatos);
- Falta de profissionais qualificados para o desenvolvimento desse trabalho;
- Não reconhecimento dessa modalidade como uma prática cotidiana;
- Não reconhecimento, por parte dos meios de comunicação, como uma prática que mereça valorização enquanto espaço e produto de consumo, na sociedade moderna.

- A importância de sua prática apontada pelos seus praticantes:
  - Possibilitar, por meio dessa prática, uma conscientização referente ao crescimento pessoal, permitindo uma transformação nas condições de sentir e se interar enquanto ser (autoestima);
  - Melhora nas suas condições orgânicas gerais;
  - Melhoras nas relações interpessoais;
  - Melhora na autoestima dos praticantes;
  - Melhora na qualidade de vida de seus praticantes;
  - Melhora nas condições para realizar as atividades de vida diária;
  - Ampliação das oportunidades.

- Um pouco do que deve ser feito:
  - Procurar estabelecer ações que possibilitem que essa prática se torne uma normalidade e não um acontecimento na vida do portador de deficiência;
  - Incentivar os projetos na área de desenvolvimento tecnológico que melhorem o dia a dia dessas pessoas;

- Propiciar uma conscientização da comunidade em geral e das reais necessidades dessas pessoas.

- Quem pode contribuir com essas ações:
  - Os diferentes segmentos de governo podem estabelecer uma política que leve os interessados a desenvolver projetos "casados", ou seja, atendendo especificamente a uma área ou questões (projetos viáveis à nossa realidade e às necessidades dos usuários);
  - Centros de excelência que possam reunir e articular ações em torno do conhecimento da área e das necessidades locais dos usuários e apoiar propostas.

Vários autores têm procurado, em seus estudos, dar uma conotação científica para o entendimento dos fatos decorrentes dessa prática direcionada às pessoas deficientes. Existe hoje uma preocupação, por parte de alguns profissionais, sobre como ensinar o esporte para que não esteja desvinculado da formação da cidadania, ou seja, como ensinar esporte para que se ensinem valores morais e como pensar com clareza sobre os conceitos e as técnicas, a fim de que não se aprenda só mais uma habilidade motora, mas, também, conhecimento vinculado à vida prática, tornando-se crítico, criativo e investigador de suas próprias ações.

Um exemplo desse tipo de abordagem está no livro *Pedagogia e esporte: iniciação ao basquete*, de Larissa Galatti e Roberto Rodrigues Paes (2007), em que, além da técnica, o esportista tem a oportunidade de questionar, levando para a vida conceitos sólidos de conscientização e cidadania. Esses autores fazem um trabalho com as habilidades motoras nos jogos, nos esportes, nas atividades de lazer e nas psicomotoras, observando que contribuem para o desenvolvimento cognitivo, motor e afetivo, possibilitando ao praticante diversas maneiras de se relacionar com os meios e suas sensações. Se quisermos compreender essas formas de lidar com o esporte, necessitamos observar a construção histórica em torno dos aspectos que envolvem a educação física no Brasil.

1.1.4 A FILOSOFIA DA INCLUSÃO COMO ELEMENTO FACILITADOR NA APROXIMAÇÃO DA PCD PELO ESPORTE — UM PARALELO COM A EDUCAÇÃO FÍSICA ESCOLAR

A inclusão "é o resultado da soma" de oportunidades bem--sucedidas que são possibilitadas a qualquer cidadão e não somente aos decretos, sem propiciar o real acesso às oportunidades e aos meios para superar os desafios que promovam seu desenvolvimento (Araújo, 2003). Além disso, trouxe inúmeras mudanças para a sociedade em geral, já que implica mudança de paradigma.

As mudanças estão relacionadas não só ao seguimento de normas e leis, mas, principalmente, a questões internas, na forma de ser e viver das pessoas em geral. Compreender esse fato implica aceitar que a inclusão não acontecerá de uma hora para outra, por força de decretos, mas se fará paulatinamente na consciência de cada um. O período em que estamos pode ser chamado de período de transição, no qual se busca a reconstrução de valores e, consequentemente, de atitudes.

Estabelecer diretrizes com ações na educação física escolar inclusiva que possam estabelecer como pré-requisitos a iniciação esportiva ou a formação das pessoas deficientes mais independentes tem sido uma preocupação de todas as legislações e diretrizes na educação dos novos profissionais desde 1987.

Para entendermos este cenário, que engloba inclusão, educação física e esporte, parece-nos importante visualizar e refletir sobre a construção da educação física no âmbito escolar, destacando alguns aspectos históricos que influenciam seu desenvolvimento em relação à formação docente, pesquisa, objetivos, metodologia e etc. com o objetivo de buscar diferentes caminhos e possibilidades para a interface inclusão-pessoa com deficiência-esporte-(EF) em suas diferentes dimensões e intenções.

1.1.5 AS INICIATIVAS NACIONAIS

O esporte adaptado começou a ser praticado no Brasil há 38 anos, e isso aconteceu por iniciativa das próprias pessoas portadoras de deficiências e nos princípios que o consagraram: influência do trabalho de reabilitação e organizações das pessoas portadoras de deficiências.

Somente nos últimos dez anos, o governo federal passou a se preocupar com esse segmento. Neste período, ocorreu uma série de ações, por meio de decretos, portarias e realizações voltadas para o esporte adaptado, que o tornou causa de governo. Este período é compreendido como processo de institucionalização do esporte adaptado brasileiro.

O tema levantado oferece muitos pontos para serem refletidos e discutidos na estruturação do esporte adaptado no Brasil. Para que possamos estabelecer uma linha de raciocínio, devemos primeiramente estabelecer o esporte a ser discutido, visto que há uma variedade de prática esportiva. Subjetivamente, a expressão *esporte adaptado* denota qualquer esporte praticado pelas pessoas portadoras de deficiência em nosso país.

Em nosso entendimento, há o esporte adaptado como conteúdo na escola, que está relacionado ao sistema de educação especial e tem objetivos semelhantes ao da Educação Física dentro desse processo, limitando-se a um determinado tempo na vida dessas pessoas. Geralmente, corresponde ao período em que a pessoa deficiente está no sistema de ensino e não há prosseguimento sistemático dessa prática. Esse tipo de esporte muitas vezes possibilita a essas pessoas uma prática posterior junto à comunidade local recreativa, mas não uma prática competitiva que extrapole os limites do sistema.

Vale ressaltar que este sistema de ensino começou a se organizar em nosso país no século XIX, por volta de 1854, por iniciativa de Dom Pedro II, que determinou a construção do Imperial Instituto dos Meninos Cegos e, em 1887, a criação do Instituto dos Surdos-Mudos, ambos no Rio de Janeiro, hoje denominados Instituto Benjamin Constant (IBC) e Instituto Nacional de Educação de Surdos (INES), respectivamente.

A ampliação deste sistema ocorreu pelas ONGs a partir de 1934, com a fundação da Sociedade Pestalozzi e, em 1954, com a fundação das Associações de Pais e Amigos dos Excepcionais (APAES); essas instituições, oriundas de iniciativas não governamentais, propagaram-se por todo o território nacional.

Os acontecimentos relativos à assistência a pessoas com deficiência quanto à educação fluíram no sentido desses atendimentos, mas sabemos que as questões relacionadas às classes mais sofridas caminharam e caminham pelas periferias da igualdade. Castellani Filho (1993) cita a legislação desse período para mostrar o tratamento dado a essas pessoas quanto à educação, à educação física e, consequentemente, à sua corporeidade.

Em 1938, o Decreto nº 21.241 (antigo 27, letra b) e a Portaria nº 13 de 16 de fevereiro (item 10) proibiam a matrícula, nos estabelecimento de ensino secundário, "de alunos cujo estado patológico os impeçam permanentemente da frequência às aulas de Educação Física". Anos depois, o médico e professor da escola Nacional de educação da Universidade do Brasil, criada em 1939 através do decreto Lei nº 1.212, doutor Waldemar Areno – mais tarde presidente da Federação Brasileira de Medicina Esportiva – recomendava, em artigo publicado na revista "Educação Física", a necessidade de serem tomadas medidas eugênicas que impedissem o "desenvolvimento de uma prole nefasta e inútil", sugerindo, então, a esterilização – tanto masculina quanto feminina – das pessoas portadoras de deficiências, a qual lhes preservaria a continuidade das práticas sexuais e interromperia a disseminação do mal, ou seja, a geração de "seres inúteis à sociedade".

A participação das ONGs em torno da educação dos "diferentes" atende à lógica capitalista que lhes negava o direito, já assegurado dentro da Constituição de 1934, de que todos os cidadãos são iguais perante a lei.

De antemão, sabemos que existem cidadãos de várias categorias, e o portador de deficiência não foge à regra estabelecida pela sociedade, encaixando-se nesta ou naquela categoria, de acordo com as oportunidades que lhes são dadas. A partir do momento em que se estabelece um sistema de ensino paralelo que foge aos padrões estabelecidos, cria-se uma barreira que separa cada vez mais as oportunidades dos alunos desse sistema de ensino.

O sistema de ensino especial, destinado às pessoas com deficiência no Brasil, cresceu até o ponto de despertar interesse na criação de uma Federação Nacional das APAEs e escolas especializadas em 1962. Isso estabelece um mecanismo de *lobby* político em torno da educação especial existente até hoje.

O governo federal, em 1972, elege a Educação Especial como prioritária, conforme cita o I Plano Setorial de Educação e Cultura de 1972-74. Em decorrência disso, é fundado o Centro Nacional de Educação Especial (CENESP) em 1973, com o objetivo de centralizar o planejamento e a orientação e promover o desenvolvimento desse ensino por meio de um único órgão. Em seu I Anuário Estatístico lançado em 1974, o CENESP aponta a existência de 2.424 estabelecimentos de Ensino Especial no Brasil e, nestes locais, 2.218 espaços reservados para recreação e ginástica.

Podemos observar, portanto, que a atividade corporal, bem como o esporte para pessoas deficientes, institucionalizada ou inserida na educação especial, caminhou juntamente com a estruturação do ensino especial, ou, pelo menos, foi prevista em suas propostas. Isso mostra uma organização que antecede as ações das associações que respondem pelo esporte adaptado no âmbito nacional atual.

O esporte adaptado a que nos referimos está relacionado ao esporte de competição, praticado por pessoas com deficiências. Este esporte tem buscado uma estrutura que o leve a um reconhecimento de igualdade com aquele de alto rendimento das pessoas não deficientes.

O esporte adaptado está estruturado em clubes de esportes, que têm buscado uma organização pelas associações nacionais, procurado apoio institucional, de origem governamental ou privada, e, também, recorrido ao respaldo da legislação como forma de estabelecer essa prática como um direito e um dever do Estado.

São dirigidos, em sua maioria, pelos próprios deficientes e estão desvinculados de outro sistema, visando ao alto rendimento. Sua finalidade busca um padrão único estabelecido internacionalmente e que o tornou uma linguagem universal.

O esporte pode ser visto de uma maneira muito mais abrangente por seu praticante, ou seja, como o caminho para o autoconhecimento, a superação, a integração, a socialização e a valorização pelo esporte, a melhora orgânica e a oportunidade para se posicionar diante das dificuldades estabelecidas pelo mesmo.

É, para alguns, o momento único de estar em oposição, resistência, cooperação, derrota, vitória e superação dos obstáculos que a condição de deficiência causa em decorrência de um tratamento subestimado imposto por uma sociedade segregadora. É o momento em que, mesmo sendo deficiente, precisa provar sua eficiência, nem que seja somente para se satisfazer e firmar sua autoestima.

O esporte adaptado, nessa concepção, tem sua origem na Inglaterra, na reabilitação de soldados acometidos por traumas raquimedulares decorrentes da II Guerra Mundial, e na organização dos veteranos de guerra dos Estados Unidos nesse mesmo período; portanto, esses dois pontos são de grande relevância para estabelecer o início da discussão.

O esporte adaptado brasileiro nasceu nesse contexto e foi influenciado pelo modelo norte-americano durante sua estruturação, pela constituição dos clubes classistas e da organização das associações em âmbito nacional. Notamos que a iniciativa por parte das pessoas portadoras de deficiências em relação à prática do esporte antecede as preocupações dos governos.

Uma política voltada ao atendimento dessa população em diferentes setores, como educação, saúde, trabalho, profissionalização, oportunidades de acesso, assistência social, enfim, de participação plena e tudo que pudesse melhorar as condições de vida dessas pessoas, foi cobrada indiretamente pela ONU pela proclamação da resolução nº 31/123 de 1976, que institui o ano de 1981 como Ano Internacional das Pessoas Portadoras de Deficiências.

A partir desse momento, o governo federal sente-se na obrigação de promover ações para melhorar sua imagem social perante a ONU. Uma das primeiras providências foi procurar conhecer esse universo para planejar ações nessa direção.

O ano de 1981 foi decisivo para estabelecer o ponto de partida de todo o movimento em âmbito nacional, voltado para as questões do esporte. Foi um momento que estimulou essa população a se conscientizar sobre seus deveres e direitos de cidadãos e sobre os problemas que as afligem.

Embora, nesse período, vivêssemos sob o regime militar, em que as ações do governo estavam mais voltadas para questões que pudessem fortalecer e dar sustentação e legitimidade ao regime do que para questões sociais, esse assunto começou a ser tratado de forma tímida, mas suficiente para estabelecer o início das discussões, como aponta Silva (1987).

> Em 16 de junho de 1980, o presidente da República assinava decreto criando a Comissão Nacional do Ano Internacional das Pessoas Deficientes, vinculando-a ao Ministério da Educação e Cultura. Seus membros foram nomeados por Portarias do Senhor Ministro da Educação em 28 de agosto e 17 de setembro de 1980.

Podemos entender que esse ato representou uma iniciativa, por parte do governo, em estabelecer um mecanismo voltado para a problemática das pessoas portadoras de deficiências de forma generalizada.

O esporte como um todo, no início dos anos 1980, estava a cargo da Secretaria de Educação Física e Esporte do Ministério de

Educação e Cultura – SEED/MEC – e mantinha, em seu organograma, o Conselho Nacional de Esporte (CND), que era responsável pela aprovação dos assuntos referentes à prática de esporte em âmbito nacional: estatuto dos clubes esportivos, de confederações etc.

Em relação à prática esportiva pelas pessoas portadoras de deficiências referente a esse período, só havia uma associação com estatuto aprovado pelo CND, a Associação Nacional de Esporte para Deficientes (ANED). O CND não via essa prática com a mesma conotação do esporte para pessoas não deficientes, mas como uma atividade de menor relevância; logo, não reconhecia essa organização como representativa de uma associação esportiva.

Nesse período, temos registros de alguns acontecimentos que se sobrepõem na discussão da problemática que envolvia as pessoas deficientes em nosso país e apontam para o reconhecimento de suas verdadeiras capacidades, convergindo para a ausência de uma política, a falta de oportunidades oferecidas pela sociedade e a inexistência de ações por parte das autoridades competentes. Esses acontecimentos começam a ser sedimentados a partir de algumas provocações. Os primeiros sinais de prática esportiva sistematizada por essa população, desvinculada de algum sistema institucional e por iniciativa dos deficientes físicos, aconteceram em 1958, registrados pelas organizações de clubes esportivos nas cidades de São Paulo e Rio de Janeiro.

Sua popularização acontece dentro ou paralelamente ao movimento do esporte vigente no momento, ou seja, aquele ofertado pelo segmento de governo como o Esporte para Todos (EPT), que provocou uma abertura para o início dessas discussões por parte dos órgãos federais.

O movimento do EPT foi introduzido no Brasil no início da década de 1970 e tinha, como proposta, possibilitar a prática esportiva ou recreativa em locais públicos, ao ar livre e para a população em geral. Seus princípios estavam voltados para: lazer, saúde, desenvolvimento comunitário, integração social, civismo, humanização das cidades, valorização da natureza, adesão à prática esportiva, adesão ao esporte organizado e valorização do serviço à comunidade.

Implicitamente, subentende-se que o portador de deficiência estaria contemplado nessa proposta, já que o próprio nome explicita "para todos", embora suas justificativas não o incluíssem de forma explícita, mas também não o excluíam.

Existem duas lógicas a serem questionadas para a compreensão da pessoa atendida neste movimento. A primeira, com a qual gostaríamos de comungar, seria o atendimento sem uma rotulação, ou seja, o trabalho com essa população deve ser desenvolvido naturalmente, sem se fazer saber. A segunda, que provavelmente levou à não menção dessa população, seria o receio de diminuir o impacto buscado com esse movimento, uma vez que se propunha a orientar o tempo livre para a prática esportiva com prazer e alegria, criar oportunidades, estimular a motivação e buscar a congregação com grandes eventos. Ao anunciar que essa população também seria alvo desse programa, poderia ocorrer um desestímulo da participação maciça da população em geral.

Vale ressaltar que esse movimento possibilitou aos profissionais de Educação Física desenvolver e expor seus trabalhos realizados com a pessoa portadora de deficiência nos Congressos. Isso despertou no governo a preocupação por esse assunto, que, até 1984, era preocupação apenas das associações e clubes de esporte de deficientes. Portanto, o esporte para o portador de deficiência, dentro do movimento do EPT, também antecede as ações governamentais nesse campo.

Sobrepondo-se a esse movimento, encontramos o Projeto Integrado, que, a nosso ver, representa o surgimento do governo no movimento do esporte para deficientes no Brasil. Isso ocorreu após a realização do II Congresso Brasileiro de Esporte para Todos, realizado em Belo Horizonte em julho de 1984.

Iniciou-se uma discussão por parte das autoridades da SEED/MEC que estiveram presentes nesse Congresso em torno das questões da Educação Física e do esporte para o portador de deficiência, o que levou à criação de uma comissão para investigar a ausência de uma política nacional de Educação Física, esporte e esporte para todos, ajustados às necessidades dessa prática com excepcionais. Essa medida só é justificada pela ausência de informações estatísticas a respeito das condições em que vive a população brasileira em geral. Nesse caso específico, havia a ausência de informações a respeito das condições em que se dava o tratamento, por parte do governo, a essa população, quanto à educação como um todo.

O universo em que houve essa investigação restringiu-se ao campo de atendimento da Educação Especial, instituições acadêmicas e órgãos governamentais. No entanto, a comissão não poderia desencadear nenhuma ação que pudesse reverter a situação dessa população com referência à política de esporte em âmbito nacional e confirmar o que já se sabia, como forma de justificar a ingerência do governo nas falhas apontadas pela sociedade.

A prática de esportes pela pessoa com deficiência em nosso país ainda está sem um direcionamento que abarque o direito desse cidadão. Rosadas (2000, p. 114), ao analisar *O sucesso de pessoas portadoras de deficiência através da prática esportiva*, identificou, nos relatos dos praticantes de esporte, contribuições nos seguintes aspectos:

> Proporcionar maior condicionamento físico para o desempenho diário do corpo; proporcionar conforto físico e emocional; a vida se torna mais longa para um portador de deficiência que pratica o esporte; o corpo da pessoa deficiente se atrofia, sem a prática do esporte; o esporte se torna tão importante quanto o ar que respiramos; a prática do esporte acaba com a ociosidade; é coadjuvante no desenvolvimento da orientação e mobilidade; auxilia no desenvolvimento da postura e da locomoção; beneficia os princípios da higiene e da nutrição; proporciona prazer e satisfação pela vida; é fator de integração e reintegração; o esporte deixa a pessoa mais independente; é um bom motivo para extravasar os problemas cotidianos do portador de deficiência; proporciona condições que favorecem o relacionamento conjugal.

Além disso, afirma que as pessoas em condição de deficiência vivem dois momentos distintos e significativos em suas vidas:

- Momento de glória, em que experimentam todas as sensações do sucesso e, por que não dizer, da fama.
- Momento do retorno a seu cotidiano, em que voltam à sua "lida" do dia a dia, muitas vezes sem o *glamour* de uma vitória ou recebimento de uma medalha, e o que pode ser ainda pior: sem o reconhecimento da própria sociedade sobre o valor dessas conquistas.

É assim que podemos encontrar alguns desses esportistas logo após retornarem de uma competição internacional: em sinaleiros vendendo balas ou algo similar. Assim, afirmamos que o significado dessa prática deve tomar corpo para que seja realmente reconhecida enquanto referência esportiva.

Podemos refletir sobre isso quando percebemos a diferença entre os benefícios identificados no esporte convencional e aqueles apontados no esporte adaptado. O reconhecimento dessa prática por parte de seus praticantes está fundamentado nos benefícios, primeiramente pessoais, que estão na contramão do esperado pelo esporte convencional por parte da sociedade.

A prática do esporte adaptado passa a ser o momento de superação dos problemas causados ou agravados pela deficiência, e permanece a afirmação "deficiência e esporte, o inverso buscando a eficiência em uma sociedade indiferente com os diferentes" (Araújo, 1997, p. 52).

Faz-se necessário repensar a prática esportiva por diferentes populações, em vários momentos e diferentes circunstâncias, considerando-se que a busca à iniciação esportiva acontece na vida das pessoas sem deficiência diferentemente daquela que direciona a pessoa deficiente. Isso pode significar que não existe um caminho predeterminado para a busca desses momentos.

Enquanto no esporte convencional isso acontece por meio de associações e grêmios, escolinhas esportivas, experiências motoras institucionais, escola regular, organizações não governamentais e por ações de departamentos e secretarias ligadas ao esporte, a prática do esporte adaptado, principalmente direcionado à pessoa com deficiência adquirida, até pode se dar por aqueles mecanismos. No entanto, após a superação de algumas etapas, como a detecção de deficiência, a busca de serviços especializados, geralmente na área médica, e a compreensão do que é essa deficiência, a busca de fazer parte de um grupo com as mesmas necessidades emerge como um fator decisivo na busca pelo esporte adaptado.

O contexto em que se desenvolve o esporte adaptado no Brasil permite estabelecer cortes referenciais que facilitem a discussão e a reflexão a respeito desse fenômeno.

1.1.6 ESTABELECENDO CORTES REFERENCIAIS

1.1.6.1 A PRÁTICA PELA PRÁTICA

O primeiro corte pode ser identificado a partir do surgimento da prática do esporte adaptado e sua intenção em promover mudanças em outros aspectos além da prática esportiva.

Sempre defendemos que a prática esportiva pelas pessoas com deficiência se desenvolvesse em um contexto diferenciado do segmento do esporte convencional e suas finalidades podem estar na prática pela prática, na prática pela possibilidade de ampliação das oportunidades e na prática por uma qualidade de vida melhor.

1.1.6.2 ENTENDIMENTO E ATENDIMENTO

O segundo corte, identificado como entendimento e atendimento, só se torna percebido após a constatação de mudanças nas atitudes da sociedade em relação aos praticantes de esportes adaptados.

Estes se revelam nas atribuições a essa população, algumas comumente usadas até hoje, outras novas, baseadas em um novo olhar sobre a pessoa com deficiência e não sobre o corpo das pessoas. Nesse momento, podemos perceber três recortes distintos:

- A busca de conhecer a deficiência levou a um dimensionamento primeiramente biológico da questão, que estabeleceu o modelo médico e passou a ser vista e tratada como doença;
- Um momento de grande importância foi o da socialização desse conhecimento sobre as deficiências com as demais áreas, principalmente as de cunho pedagógico. Esse compartilhamento possibilitou o redimensionamento sobre os modelos de educação estabelecidos dentro da educação formal e não formal. Dessa forma, os olhares passam para as especificidades da deficiência, o que levou a uma reorganização das metodologias e das abordagens. Passa-se de intervenções para tratamento e ações pedagógicas, visando contribuir com a pessoa com deficiência. Essas intervenções possibilitaram um desenvolvimento das capacidades remanescentes, o que elevou a sua condição para eficiente, portanto, merecedor de atenção especial;
- Ao serem observadas suas necessidades especiais e não somente a deficiência como impedimento para uma participação mais efetiva junto à sociedade, conquistam um novo olhar voltado paras as capacidades e não só para as incapacidades.

A mudança de olhares em direção à população com deficiência perpassa pela legislação. Esse corte é de fácil percepção, seja no campo do reconhecimento enquanto dependente do estado até a garantia de seus diretos de igualdade perante os demais.

1.1.6.3 Os marcos jurídicos

O fazer valer seus direitos junto aos segmentos públicos é outro ponto importante durante o trajeto na busca das conquistas atuais. Foi necessário que as pessoas com deficiências, muitas vezes, recorressem a seus direitos de cidadãos para garantir acesso e participações mais amplas nos mais diferentes segmentos, sendo exemplo o engajamento político como forma de participar nas decisões.

A equiparação de direitos junto aos órgãos de administração do esporte brasileiro foi um passo importante na consolidação da prática do esporte adaptado, possibilitando o reconhecimento de entidades diretivas do esporte adaptado iniciado em 1975 pela ANED e consolidado em 1994 com a criação do Comitê Paraolímpico Brasileiro enquanto gestoras de política para o setor do esporte paraolímpico. Tornaram-se legais perante os segmentos públicos nacionais e internacionais, uma vez que esta iniciativa não foi abarcada enquanto política de governo até 1990.

É desse período em diante que as discussões em torno de uma política capaz de responder às necessidades que ampliem esse atendimento se configuram para além do paradesporto, com manifestações de diferentes segmentos da sociedade, sejam elas de cunho cultural, de identidade, social ou por organizações de grupos de acordo com as suas necessidades.

1.1.6.4 A relação com a Educação Física

A influência dos movimentos para a Educação Física e o redimensionamento de sua prática representam um novo recorte que contribui para incorporar, em suas atitudes, uma prática mais humanizada, ampliando seus conceitos, ou seja, pensando-a para toda população e estabelecendo eixos por meio de outras abordagens.

Isso possibilitou atender e entender as possibilidades dessa população tão diferenciada em ambientes distintos, mas resguardando seus praticantes enquanto agentes pensantes e parte do processo e, em um segundo momento, como provocadores para um recorte no redimensionamento de sua prática da Educação Física.

O reflexo dessa mudança tem a produção acadêmica como aliada seja na Educação Física Adaptada enquanto área de atendimento ou como parte da Educação Física enquanto área de conhecimento. Esse recorte pode ser facilmente percebido na produção acadêmica voltada para as pessoas em condições de deficiência.

Essa produção inicia-se pela ação da SEED/MEC em 1981, a partir do estabelecimento pela ONU do Ano Internacional das Pessoas Portadoras de Deficiência.

Posteriormente, vêm as discussões acadêmicas, possibilitando pesquisas na área de Educação Física Adaptada sobre as seguintes temáticas: políticas públicas de atendimento, métodos de intervenção, histórico do esporte adaptado, interdisciplinaridade e deficiência, aspectos psicossociais, saúde, orientação e mobilidade, desempenho e comportamento motor, crescimento e desenvolvimento físico, corporeidade, fenomenologia e deficiência, adaptações, maternidade e deficiência, estratégias de intervenções, propostas pedagógicas, propostas de eventos, reflexões a partir das vivências, barreiras arquitetônicas e sociais, equitação, postura e deficiência, imagem corporal, aspectos e plasticidade, lazer e deficiência, sistematizações de propostas de atendimento, direitos, formação de recursos humanos, relatos de experiências, inclusão, avaliação, classificações, qualidade de vida, esportes e natureza, interações em ambientes escolares e reflexões sobre a prática esportiva, que determinam a construção do cenário científico da área da Educação Física Adaptada Nacional.

Em consonância com as diferentes abordagens, vão tornando-se pontos de referência e de sustentação aos pressupostos teóricos à medida que essa área busca sua identidade. A transposição de barreiras na própria educação física foi latente; no entanto, notabilizou-se o esporte convencional como sendo o produto de maior visibilidade da área.

O esporte convencional era representado pelo treinamento esportivo nos anos 1970 e 1980. Dessa forma, a Educação Física escolar foi uma mera promotora dos modelos construídos para atingir os fins desejados para o esporte de rendimento. Com relação a uma nova forma de enxergar a Educação Física, alguns bons exemplos são os últimos Congressos de Ciência do Esporte, que se propõem a discutir o esporte sem a delimitação de convencional ou adaptado, seguindo a tendência do paradesporto que vem sendo discutida juntamente com o esporte olímpico. Desde a última Olimpíada realizada em Atenas em 2004, os dois eventos foram realizados pelo mesmo comitê internacional, formato estabelecido para as versões seguintes.

1.1.6.5 O ASSOCIATIVISMO

Outra questão relevante foi o movimento das entidades e associações dos grupos de deficientes que se firmaram como ponto de mobilização e organização de uma classe, a princípio motivados pelas ONGs internacionais e nacionais como forma de agregar força e mobilização para garantir uma participação mais justa nos mais diferentes segmentos da sociedade e se estabelecendo como o principal segmento para o desenvolvimento do esporte adaptado brasileiro.

A busca de conhecimento junto às organizações do esporte internacional torna-se possível mediante a organização das instituições dirigentes do esporte, processo que teve início em 1975 com a criação da Associação Nacional de Deficientes e se consolidou com a processual criação das demais associações, iniciadas com a ABDC (Associação Brasileira de Desporto para Cegos) em 1984, e em 1994 é criado o Comitê Paraolímpico Brasileiro.

Essas associações possibilitaram intercâmbios entre os congêneres no exterior e permitiu seu crescimento internamente após legitimação perante aos segmentos governamentais, como também seu reconhecimento internacional. O desdobramento dessas relações levou à busca de amparo científico e tecnológico para a efetivação e o desenvolvimento dessa prática e, consequentemente, ao desenvolvimento de estudos nas mais diferentes linhas, como as da avaliação, fisiológicas, tecnológicas e, sobretudo, das áreas de humanidades.

Isso possibilitou um olhar para além da deficiência, transformando a imagem dessas pessoas de doentes em alunos e de alunos em atletas. Não menos importantes são as conquistas na área social, em que o olhar passou da impossibilidade para a possibilidade de participação.

Vale ressaltar que é necessário estabelecer atendimento específico para grupos ou categorias quando a intenção é a de garantir uma participação de todos dentro de suas reais condições, como a de estabelecer classificações a partir das reais possibilidades, uma vez que o esporte em geral busca premiar o vencedor, e os caminhos escolhidos por alguns nem sempre são os previstos para essa prática.

1.1.6.6 A DISSEMINAÇÃO DO CONHECIMENTO

Um outro ponto não menos importante nesse processo de construção foi a disseminação desse conhecimento, por meio de cursos, congressos, estudos e pesquisas, entre outros movimentos acadêmicos científicos. Nesse campo, as intervenções das instituições de ensino superiores nos níveis federal, estaduais e municipais ou autarquias foram decisivas, pois passaram a atuar no segmento de ensino, pesquisa e extensão, mais precisamente nas duas últimas décadas, com publicações científicas facilmente percebidas a partir de 1980.

A criação da Sociedade Brasileira de Atividade Motora Adaptada – SOBAMA– em 1994, que teve seu primeiro congresso realizado na Faculdade de Educação Física da UNICAMP, em 1995, possibilitou o engajamento de profissionais que até então tinham suas ações isoladas; portanto, passaram a compartilhar e aprofundar seu conhecimento nesta área.

A Faculdade de Educação Física da UNICAMP tornou-se referência ao criar um Departamento de Atividade Física Adaptada em 1994 e mantém regularmente projetos de extensão, pesquisa e ensino, além dos intercâmbios com as instituições dirigentes do esporte adaptado nacional e instituições de ensino no exterior.

1.2 Projeções

Nesse cenário, nossa conclusão está de acordo com projeções referentes a papéis, ações, funções e segmentos.

As universidades devem ser capazes de continuar a formar massa crítica competente para argumentar e sustentar um conhecimento próprio dentro e fora do segmento acadêmico.

O meio científico passa por momentos de produção e, ao mesmo tempo, de reflexão do que já foi construído, como detentor de uma massa crítica e conhecimento suficiente que não necessita de um recomeçar a cada instante, muito comum no passado recente.

Em contrapartida, a parte mais importante, que é o próprio atleta, ainda busca junto aos segmentos de governo, imprensa e sociedade o reconhecimento do "cidadão atleta" e não apenas as observações de superação das dificuldades impostas pelas limitações decorrentes da deficiência.

Araújo (2006) menciona que:

> O paradesporto foi e é a luz que possibilita muitas conquistas para aqueles que por uma razão tiveram seu potencial redirecionados devido às limitações decorrentes da deficiência adquirida ou congênita. No entanto, estas pessoas devem ter garantido o direito de desenvolver suas capacidades.

Na esfera governamental, tem-se como perspectiva a implantação de políticas públicas capazes de garantir cidadania às pessoas com deficiência, viabilizando condições básicas de saúde, educação e trabalho, entendendo o esporte como direito.

No âmbito das ONGs, é fundamental que se perceba a organização esportiva como ferramenta de valorização social do deficiente e que a mesma possa ser utilizada para ampliar as conquistas para os campos social e profissional.

Dessa forma, fica evidente que o paradesporto é o carro-chefe de muitas outras conquistas para pessoas que têm algumas limitações motoras, físicas ou sensoriais sejam elas adquiridas ou congênitas, que forçam a observar que essas pessoas não podem ser impedidas de usar o seu potencial.

2
REGRAS DO JOGO DE HANDEBOL EM CADEIRA DE RODAS

Décio Roberto Calegari
José Irineu Gorla
Ricardo Alexandre Carminato
Anselmo Athayde Costa e Silva

2.1 Regras gerais do HCR7

As regras do handebol em cadeira de rodas são muito semelhantes às do jogo de handebol tradicional. São feitas apenas algumas modificações que consideram a cadeira de rodas, a mecânica da sua locomoção e a necessidade de jogar sentado.

Como no handebol tradicional, são sete jogadores em cada uma das equipes, disputando um jogo com dois períodos de 30 minutos cada.

Nenhuma equipe poderá iniciar o jogo com menos de sete atletas, não sendo permitida a redução intencional de jogadores em quadra.

2.2 A quadra

A quadra de jogo deve ter dimensões de 40 m x 20 m, medidas que são exigidas para competições da ABRHACAR – Associação Brasileira de Handebol em Cadeira de Rodas. A quadra deve ser delimitada por linhas, seguindo a mesma distribuição da quadra oficial de handebol de salão.

As través deverão ter sua altura reduzida em 40 cm, a fim de possibilitar que os goleiros joguem em cadeira de rodas. Sugere-se que seja feita uma placa para redução, de modo que possam ser divulgados os patrocinadores das competições.

2.3 A cadeira de rodas

A cadeira deve se adequar a certos padrões para garantir segurança e competitividade. Pode ter três ou quatro rodas, sendo duas rodas grandes na parte traseira e uma ou duas na parte frontal. Os pneus traseiros devem ter o diâmetro máximo de 66 cm, além de um suporte para as mãos em cada roda traseira. A altura máxima do assento não pode exceder 53 cm do chão e o apoio para os pés não poderá ter mais que 11 cm a partir do chão, quando as rodas dianteiras estiverem direcionadas para frente. A parte de baixo dos apoios deve ser apropriada para evitar danos à superfície da quadra.

O jogador poderá usar uma almofada de material flexível no assento da cadeira. Ela deverá ter as mesmas dimensões do assento e não poderá ter mais de 10 cm de espessura. Para jogadores de classe 3.5, 4.0, 4.5 e 5.0 a espessura deverá ser de, no máximo, 5 cm.

Os jogadores podem usar faixas e suportes que o fixem na cadeira ou faixas para juntar as pernas. Aparelhos ortopédicos e protéticos podem ser usados. O cartão de classificação dos jogadores deve informar o uso de próteses e afins e indicar todas as adaptações na posição do jogador na cadeira.

São proibidos pneus pretos, aparelhos de direção e freios. Os árbitros devem checar as cadeiras dos jogadores no início do jogo para conferir se estão de acordo com as normas estabelecidas.

2.4 Sistema de classificação de jogadores

O handebol em cadeira de rodas é um jogo para pessoas com deficiências permanentes nos membros inferiores. O sistema classifica os jogadores de acordo com a observação de seus movimentos durante uma performance de habilidades de handebol, como empurrar a cadeira, driblar, passar, receber, arremessar e pegar rebotes. As classes são: 0.5, 1.0, 1.5, 2.0, 2.5, 3.0, 3.5, 4.0, 4.5 e 5.0. A cada jogador é atribuído um valor em pontos igual à sua classificação.

Os pontos dos sete jogadores são somados para formar um time que alcance um determinado total de pontos. Para Campeonatos Oficiais a soma de pontos dos sete jogadores que estiverem em quadra não pode exceder 18 pontos.

Cada jogador possui um cartão de classificação que deve ser usado durante o jogo. O cartão mostra a classificação do jogador, indicando também quaisquer modificações no seu assento e o uso de faixas ou aparelhos protéticos e ortopédicos.

2.5 Violações específicas para o HCR7

Violações são infrações às regras, e a equipe que as comete perde a posse de bola para a outra equipe pela cobrança de um tiro no local onde foi cometida a infração.

2.5.1 Violações fora da quadra

Um jogador estará fora da quadra quando sua cadeira estiver fora dos limites da quadra. Essa condição somente será punida se proporcionar vantagem ao infrator. Se um jogador arremessar a bola em um oponente para que ela saia da quadra propositalmente, o oponente ficará com a posse de bola.

2.5.2 Regra de progressão

O jogador pode empurrar a cadeira por no máximo três vezes antes de driblar, passar ou lançar a bola. Não é permitido conduzir a bola sobre as pernas.

2.5.3 Regra dos três segundos

Um jogador não pode permanecer por mais de três segundos com a bola na mão. Jogadores que permanecerem com a bola por tempo superior a esse cometem uma violação.

2.5.4 Faltas

Faltas são infrações às regras envolvendo contato físico com o oponente e/ou comportamento antiesportivo. A falta é marcada contra o ofensor e as punições são aplicadas utilizando o mesmo critério do handebol de salão (admoestação verbal, advertência, exclusão e desqualificação).

Os contatos frontais são tolerados, porém os contatos laterais e traseiros devem ser punidos. Para todas essas faltas, a cadeira é considerada como parte do jogador, e o contato não acidental entre cadeiras também constitui falta.

2.5.5 Cobrança dos tiros

Tiro de lateral: uma parte da cadeira de rodas deve estar sobre a linha lateral no local por onde a bola saiu.

Tiro de saída, tiro livre e tiro de sete metros: seguem as mesmas regras do handebol de salão.

2.5.6 Punições

As sanções progressivas seguem o mesmo critério do handebol de salão. A única ressalva que existe é ser terminantemente proibido colocar o equipamento do adversário em risco (cadeira de rodas), mesmo que involuntariamente, ficando estabelecida a segurança como limite para a ação individual. A equipe que tiver um jogador excluído deve permanecer com a mesma pontuação até que a punição seja cumprida.

2.6 Regras gerais do HCR4

As regras do HCR4 são muito semelhantes às do jogo de handebol de areia. São feitas apenas algumas modificações que consideram a cadeira de rodas, a mecânica da sua locomoção e a necessidade de jogar sentado.

2.6.1 JOGADORES

Como no handebol de areia, são quatro jogadores em cada uma das equipes mais quatro reservas, totalizando oito jogadores por equipe.

2.6.2 TEMPO DE JOGO

Um jogo é disputado em dois *sets* com 10 minutos cada, e 5 minutos de intervalo entre os *sets*.

2.6.3 CONTAGEM DE GOLS

Em cada tempo, é realizada uma contagem de gols independente, e o resultado final do *set* apontará um vencedor (no início do segundo *set*, o placar será zerado).

2.6.4 GOL ESPETACULAR

O gol feito em condições especiais (após um giro de 360°, por exemplo) deve ser considerado como se valesse dois gols.

2.6.5 DESEMPATE

Em caso de empate no *set*, é disputada uma prorrogação com gol de ouro. Em caso de vitória de equipes diferentes no primeiro e no segundo *sets*, é disputado um tempo extra de 5 minutos para que haja um vencedor.

2.6.6 Goleiro

Qualquer um dos jogadores de quadra poderá ser o goleiro, desde que haja somente um jogador dentro da área do goleiro. Caso essa restrição seja violada, um tiro de sete metros (pênalti) será aplicado contra a equipe infratora. Em caso de reincidência, além do pênalti, o atleta faltoso será punido com a exclusão.

2.6.7 Substituição

Pelo fato de ser jogado em quadra e não na areia, o HCR4 realiza a substituição dos jogadores da mesma forma que o handebol de salão (zona de substituição).

2.7 A quadra

A quadra de jogo deve ter as dimensões mínimas de 28 m x 15 m, delimitada por linhas que seguem a mesma distribuição da quadra oficial de handebol de salão, exceto para a área do goleiro, que é delimitada por uma linha contínua a 6 metros da linha de fundo (a área do goleiro é reta).

Sugere-se o prolongamento da linha de lance livre até a linha lateral nas quadras que possuem linhas demarcatórias da quadra de basquete.

As traves deverão ter sua altura reduzida em 40 centímetros, a fim de possibilitar que os goleiros joguem em cadeira de rodas. Sugere-se que seja feita uma placa para redução, de modo que possam ser divulgados os patrocinadores das competições.

Os jogos do HCR4 podem ser realizados na mesma quadra do HCR7, não sendo necessárias as adaptações da área do goleiro das propostas mencionadas.

2.8 Sistema de classificação de jogadores

As classes são: 0.5, 1.0, 1.5, 2.0, 2.5, 3.0, 3.5, 4.0, 4.5 e 5.0. A cada jogador é atribuído um valor em pontos igual à sua classificação.

Os pontos dos quatro jogadores são somados para formar um time que alcance um determinado total de pontos. Para Campeonatos Oficiais a soma dos quatro jogadores que estiverem em quadra não pode exceder 14 pontos na categoria A e 7 pontos na categoria B.[1]

Cada jogador possui um cartão de classificação que deve ser usado durante o jogo. O cartão mostra a classificação do jogador, indicando também quaisquer modificações no seu assento e o uso de faixas ou aparelhos protéticos e ortopédicos.

2.9 Violações específicas para o HCR4

Violações são infrações às regras, e a equipe que as comete perde a posse de bola para a outra equipe pela cobrança de um tiro do local onde foi cometida a infração.

2.9.1 Violações fora da quadra

Um jogador estará fora da quadra quando sua cadeira estiver fora dos limites da quadra. Essa condição somente será punida se proporcionar vantagem ao infrator. Se um jogador arremessar a bola em um oponente para que ela saia da quadra propositalmente, o oponente ficará com a posse de bola.

---

[1] Somente atletas com classificação funcional até 2,5 pontos podem participar desta categoria.

2.9.2 Regra de progressão

O jogador pode empurrar a cadeira por no máximo três vezes antes de driblar, passar ou lançar a bola. Não é permitido conduzir a bola sobre as pernas.

2.9.3 Regra dos três segundos

Um jogador não pode permanecer por mais de três segundos com a bola na mão. Jogadores que permanecerem com a bola por tempo superior a esse cometem uma violação.

2.9.4 Faltas

Faltas são infrações às regras envolvendo contato físico com o oponente e/ou comportamento antiesportivo. A falta é marcada contra o ofensor e as punições são aplicadas utilizando o mesmo critério do handebol de salão (admoestação verbal, advertência, exclusão e desqualificação).

Os contatos frontais são tolerados, porém os contatos laterais e traseiros devem ser punidos. Para todas essas faltas, a cadeira é considerada como parte do jogador, e o contato não acidental entre cadeiras também constitui falta.

2.9.5 Cobrança dos tiros

Tiro de lateral: uma parte da cadeira de rodas deve estar sobre a linha lateral no local por onde a bola saiu.

Tiro de 7 metros: é cobrado utilizando a linha da área do goleiro (6 metros).

Tiro de saída: é feito pelo goleiro a partir da sua área e não necessita de autorização do árbitro.

Tiro livre: o defensor deve respeitar uma distância mínima de 1 metro em relação ao jogador que fará a cobrança do tiro.

2.9.6 PUNIÇÕES

Como no handebol de areia, no HCR4 também não há advertência (cartão amarelo). A única punição prevista é a exclusão, sinalizada pelo árbitro com o sinal negativo (mão fechada com o polegar apontando para baixo) e cumprida pelo atleta durante um ataque da equipe adversária (o ataque somente é finalizado após a perda da posse de bola).

3
INICIAÇÃO AO TREINAMENTO DO HANDEBOL EM CADEIRA DE RODAS

José Irineu Gorla
Décio Roberto Calegari
Ricardo Alexandre Carminato
Anselmo de Athayde Costa e Silva

Assim como no treinamento de handebol, a principal diferença que se destaca no treinamento do HCR é o manejo da cadeira de rodas, elemento essencial para um bom desempenho em jogos.

Uma das características que já foi possível identificar nas experiências práticas realizadas é a facilidade com que os atletas aprendem os elementos fundamentais do jogo de HCR, possibilitando a vivência de experiências de sucesso rapidamente e fazendo que os iniciantes se sintam motivados para o treinamento.

Outro aspecto que ficou evidente é o caráter inclusivo do HCR, que permite a possibilidade de participação de deficientes que estão alijados de outras modalidades, pois atletas que não conseguiram praticar o basquete em cadeira de rodas e não são elegíveis para o rúgbi em cadeira de rodas se adaptaram com muita facilidade ao HCR.

A facilidade de aprendizado e a capacidade de inclusão de "novos" deficientes tornam o Handebol em Cadeira de Rodas uma modalidade atrativa e que pode se tornar uma ferramenta eficaz de inclusão social da pessoa com deficiência.

Para fundamentar os trabalhos de quem iniciará a prática do treinamento em HCR, este capítulo abordará, inicialmente, os fundamentos técnicos do jogo e, posteriormente, os fundamentos táticos do HCR, sendo finalizado com as especificidades do HCR4.

3.1 Fundamentos técnicos

3.1.1 Manejo da cadeira

A condução da cadeira é fator determinante no desempenho em jogo, pois dela depende a conquista dos melhores espaços para se fazer o gol. Além das capacidades físicas inerentes à realização do esforço mecânico, o manejo da cadeira envolve raciocínio lógico e noção espaçotemporal, que são determinantes das ações evasivas e da busca dos espaços livres.

O deslocamento proporcionado pelo manejo da cadeira envolve três fases distintas e complementares: propulsão, deslizamento e frenagem.

- *Propulsão*: consiste em aplicar força manual com o intuito de locomover a cadeira para frente ou para trás;

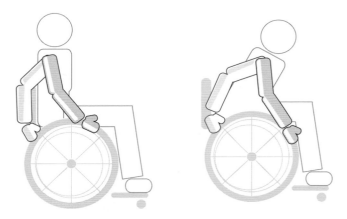

Figura 3.1 – Correta propulsão da cadeira de rodas.

- *Deslizamento*: consiste em aproveitar a força aplicada na fase de propulsão, de modo a aproveitar um espaço maior de deslocamento com as mãos livres.
- *Frenagem*: consiste em parar o movimento da cadeira segurando o aro.

A aplicação de força manual em apenas um lado da cadeira provoca a realização de trajetórias curvas, que podem ser potencializadas pela alternância entre movimentos de propulsão e frenagem.

3.1.2 Passe e recepção

Os fundamentos de passe e recepção, bastante semelhantes aos do handebol de salão, devem ser executados com técnicas similares, que podem ser adaptadas em razão da existência de deficiência de membros superiores. Constituem-se nos fundamentos básicos que garantem a continuidade do jogo e criam as condições para as finalizações ao gol.

A eficácia de passe e recepção cria condições para o sucesso ofensivo, enquanto a defesa procura desestabilizar e induzir ao erro para recuperar a posse da bola, sem permitir o arremesso ao gol.

O tamanho reduzido da bola de handebol permite ao cadeirante uma mobilidade maior e a possibilidade de domínio, mesmo com o comprometimento dos membros superiores.

A participação de jogadores com diferentes tipos e níveis de deficiência exige da equipe atenção e concentração superiores, a fim de adequar força, trajetória e velocidade do passe às condições específicas do jogador que recepcionará a bola.

- *Como fazer a recepção da bola*: braços e dedos ligeiramente flexionados devem acompanhar a trajetória da bola, de modo a amortecer seu impacto nos membros superiores do jogador que a recebe. Pode ser realizada com ambas ou apenas uma das mãos, sendo recomendável a utilização de ambas as mãos para evitar erros que impliquem a perda da posse de bola;
- *Erros comuns na recepção da bola*: manter dedos e braços excessivamente rígidos. Além de dificultar a recepção, pode provocar contusões, como luxações ou entorses; receber a bola e imediatamente passar ao drible: impede a utilização dos três toques na cadeira e a visualização do campo de jogo, fazendo que o atacante concentre-se na bola e perca o controle dos jogadores e do gol adversários;

- *Preensão da bola com uma mão*: segurar a bola com apenas uma mão, além de desenvolver e automatizar o formato de garra para a recepção, torna-se importante para o desenvolvimento da capacidade de jogo, uma vez que o transporte da bola sobre as pernas não é permitido. Foi possível, inclusive, observar melhoras significativas de membros superiores comprometidos por lesões em função das exigências de movimentação para passar e receber a bola.

3.1.2.1 Tipos de passe

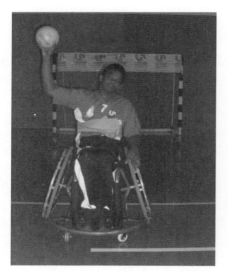

Figura 3.2 – Tipo de passe.

- *Passe de ombro ou retilíneo*: é o mais veloz, porém exige precisão tanto de quem passa como de quem recebe. O braço deve formar um ângulo reto (90°) com o tronco e o antebraço, garantindo a trajetória reta do passe. O papel do punho na finalização do passe é fundamental para retificar a velocidade e a trajetória do passe;

- *Passe picado*: no HCR, assume um papel fundamental, uma vez que facilita a ação de recepção, especialmente pelos atletas que têm comprometimento de membros superiores. A identificação do ponto onde a bola deve tocar o chão para facilitar a ação de recepção, além de eficiente, tem se mostrado eficaz no desenvolvimento da noção espaçotemporal;
- *Passe parabólico*: muito utilizado em contra-ataques, o passe parabólico é aquele em que a trajetória da bola é realizada em uma altura que permita transpor adversários, sem que lhes seja possível interceptar o passe.

3.1.2.2 Tipos de recepção

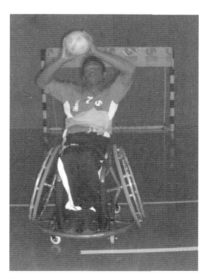

Figura 3.3 – Tipo de recepção.

- Com uma mão: recomendada somente para os que possuem empunhadura suficiente para esse tipo de recepção, que, apesar de acelerar o jogo, é muito sujeita a erros em razão da alta precisão de movimentos que exige do receptor.
- Com as duas mãos:
  - *Alta ou média*: os dedos devem estar ligeiramente flexionados e os braços acompanham a trajetória da bola, de modo a amortecer o impacto sobre os dedos;
  - *Baixa*: o atleta pode utilizar a roda da cadeira para trazer a bola para cima, de modo a poder empunhá-la com as duas mãos. Esse movimento permite que o atleta recepcione a bola junto ao solo sem necessidade de parar a cadeira.

3.1.3 Condução e controle da bola

Como há o impedimento regulamentar de carregar a bola sobre as pernas (no colo), a condução da bola exige uma relação direta com o manejo da cadeira e pode ser feita de duas maneiras distintas:

- *Com uma mão*: exige que, ao driblar a bola, o atleta aplique uma força maior, fazendo que a bola suba e se desloque para frente o suficiente para que o jogador possa fazer uma propulsão na cadeira. O risco desse tipo de movimentação é a facilidade para condução irregular da bola;
- *Com alternância das mãos*: exige uma coordenação motora mais apurada, a fim de tornar simultâneos os movimentos de drible com a mão esquerda e propulsão com a mão direita, seguidos da inversão do movimento: drible com a mão direita e propulsão com a mão esquerda. Essa alternância é regulamentar e pode ser utilizada pelo tempo que for necessário, desde que não caracterize jogo passivo.

Orientações para o treinamento do passe e da recepção:

- O jogador deve ter segurança quando for receber a bola;
- A adaptação técnica deve proporcionar eficiência e precisão;
- Quanto menor o tempo entre o passe e a recepção, mais eficiente será a ação;
- Privilegiar trajetórias retas, por serem mais rápidas;
- Desenvolver uma técnica que proporcione maior economia de movimento;
- O jogo deve ser veloz, porém seguro;
- Quem estiver com a posse da bola será o responsável pelo passe;
- Identificar e dominar as variáveis que interferem no passe: distância, direção, altura, tempo e potência.

3.1.4 Lançamentos/arremessos

Assim como no handebol de salão e no de areia, os arremessos constituem-se em um dos mais importantes fundamentos do handebol, pois é a partir deles que os gols são feitos.

Esta é a parte final da técnica ofensiva. A construção de um sistema ofensivo depende do desenvolvimento da capacidade de se deslocar, transportar a bola e arremessá-la à trave adversária.

O arremesso deve ser realizado pelo jogador em melhor posição e que esteja livre de marcadores. Deve ser rápido e preciso e ainda considerar a existência do goleiro, o último defensor que deve ser superado por trajetórias e potências inesperadas.

Elementos como profundidade (aproximar-se da área de 6 m) e ângulo de lançamento são decisivos no sucesso dos arremessos, porém a orientação corporal e gestual e a dinâmica de movimento criadas para superar as defesas devem diminuir a capacidade de reação das defesas diante do ataque do adversário.

3.1.4.1 Tipos de arremessos

Figura 3.4 – Tipo de arremesso.

- *Frontal ou de ombro*: é o que apresenta maior potência, utilizando os mesmos princípios biomecânicos do passe de ombro: ângulo de 90° entre braço, tronco e antebraço. O aproveitamento da aceleração da cadeira contribui para o aumento da potência do arremesso;
- *Lateral ou rasteiro (com supinação lateral)*: indicado para arremessos rentes ao solo, visa surpreender o goleiro, uma vez que ele somente terá contato com a bola após ela passar pela defesa, reduzindo seu tempo de reação. Exige do finalizador um domínio muito grande do movimento de punho na finalização do arremesso;
- *Parabólico*: bastante utilizado contra goleiros que avançam com a cadeira para fechar os ângulos de arremesso. Exige do arremessador alta precisão na relação espaço-tempo, porém o gol realizado com esse tipo de arremes-

so, além de ser visualmente muito bonito, transmite confiança e segurança para toda a equipe.

3.1.5 Bloqueio ofensivo

Consiste em bloquear a movimentação da cadeira adversária e é determinado pela antecipação de movimento do atacante pelo defensor, pois a ação deve ser realizada sem por em risco o equipamento do adversário.

3.1.6 Bloqueio defensivo

Similar ao bloqueio do handebol de salão, é realizado pela elevação dos braços, impedindo a trajetória da bola em direção ao gol.

3.2 Fundamentos táticos

3.2.1 Defesa individual

Dissuasão: tem por objetivo impedir a movimentação dos atacantes. Os defensores utilizam constantemente o bloqueio defensivo. Utilizada contra atletas que possuem grande habilidade no jogo 1 x 1.

Interceptação: tem por objetivo roubar a posse de bola. O defensor mantém uma distância que permita antecipar e interceptar o passe destinado a seu oponente.

Pressão meia-quadra: os defensores retornam para sua quadra e marcam o adversário a partir do meio da quadra. É geralmente utilizada como alternativa para reduzir a intensidade de jogo e recuperar o desgaste provocado pela *pressão* quadra inteira.

Pressão quadra inteira: marcar a saída de bola adversária. É uma estratégia eficaz para deixar o adversário acuado, porém muito desgastante em termos físicos e de atenção e concentração.

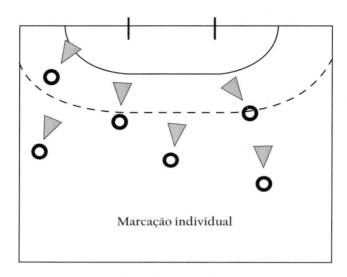

Figura 3.5 – Marcação individual (Extraído de: www.hcrbrasil.com.br).

3.2.2 Defesa por zona

O HCR utiliza os mesmos conceitos de linhas defensivas e ofensivas do handebol de salão, utilizando as áreas de 6 e 9 m como elementos referenciais dessa classificação, que é representada por números separados pelo sinal : e indica, nos sistemas defensivos, a quantidade de jogadores na primeira linha defensiva (6 m) antes e na segunda linha defensiva (9 m) depois, ou, ainda, a existência de uma terceira linha defensiva (novo sinal : e mais um número indicativo – 3:2:1, por exemplo).

Nos sistemas ofensivos, o número antes do sinal indica a quantidade de jogadores da primeira linha ofensiva (9 m) e, depois, os da segunda linha ofensiva (6 m).

3.2.3 LINHAS OFENSIVAS

Primeira linha (9 m): jogadores maiores e mais fortes, com capacidade de finalização de longa distância. Devem treinar o arremesso lateral ou rasteiro.

Segunda linha (6 m): jogadores rápidos e ágeis, com capacidade de retificação de finalização. Devem treinar o arremesso parabólico.

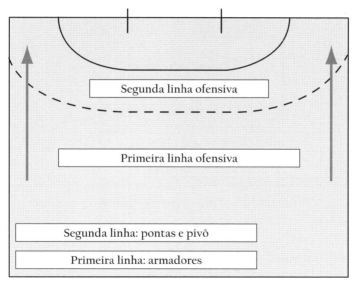

FIGURA 3.6 – Esquema das linhas ofensivas e posicionamento dos jogadores.

3.2.4 Sistemas ofensivos

Sistema 3:3

- 9 m – armadores: lateral esquerdo, central, lateral direito;
- 6 m – ponta-esquerda, pivô, ponta-direita.

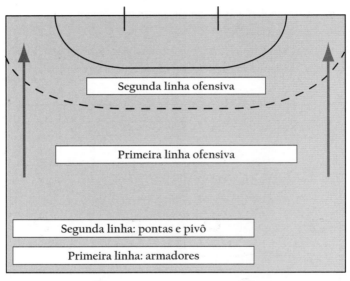

Figura 3.7 – Esquema de sistemas ofensivos (Extraído de: www.hcrbrasil.com.br).

Sistema 4:2
- Dois pivôs e pontas sobem para 9 m.

Sistema 2:4
- Dois pivôs e dois pontas abertos.

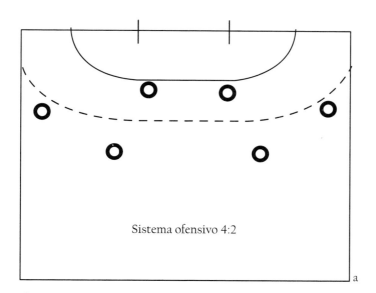

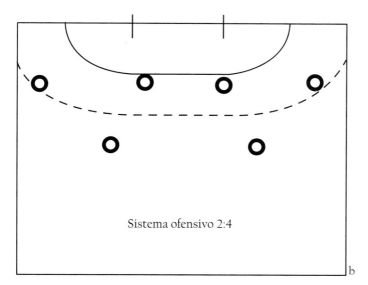

Figura 3.8 – Esquemas de sistemas ofensivos em 4:2 e 2:4, respectivamente (Extraído de: www.hcrbrasil.com.br).

3.2.5 Linhas defensivas

Primeira linha (6 m): defensores com menor mobilidade, que devem ser treinados para realizar com eficiência o bloqueio ofensivo.

Segunda linha (9 m): defensores com grande mobilidade e boa execução do bloqueio defensivo.

Terceira linha (avançada): jogadores com alta capacidade de mobilidade e antecipação e que consigam interceptar passes e bloquear as ações dos principais atacantes adversários.

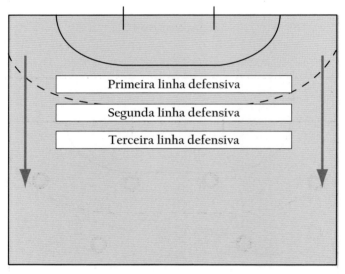

Figura 3.9 – Esquema de linhas defensivas.

3.3 Classificação dos sistemas defensivos

A classificação, além de esclarecer as diferentes estratégias de ação tática defensiva, também representa uma proposta de progressão pedagógica, que defende que o aprendizado dos sistemas deva ser iniciado dos sistemas abertos para os mais fechados, de modo a desenvolver a mobilidade e a capacidade de jogo dos atletas, apesar de os sistemas fechados apresentarem maior efetividade em termos de resultados se forem utilizados na iniciação.

A justificativa para essa opção está no desenvolvimento da modalidade, pois o resultado dos sistemas fechados na iniciação compromete o desenvolvimento da capacidade de jogo dos atletas, enquanto os sistemas abertos, apesar de serem mais vulneráveis, produzem, em médio e longo prazo, atletas mais desenvolvidos nos aspectos motores, técnicos e táticos.

Sistema 3:3

Vantagens: desenvolve a mobilidade defensiva e facilita a interceptação de passe, estimulando o contra-ataque.

Desvantagens: contra equipes habilidosas, facilita a penetração dos armadores e o jogo do pivô.

- 6 m – ponta-esquerda, ponta-direita, central recuado;
- 9 m – lateral esquerdo, lateral direito, central avançado.

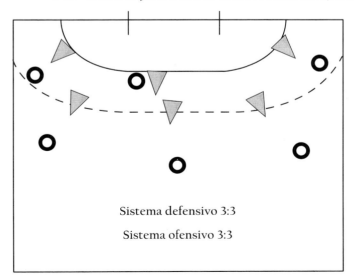

FIGURA 3.10 – Esquema de sistema defensivo e ofensivo 3:3 (Extraído de: www.hcrbrasil.com.br).

Sistema 1:5

Vantagens: afasta o ataque da área do goleiro, dificultando a finalização de curta distância (6 m), estimulando o erro do adversário e facilitando o contra-ataque.

Desvantagens: equipes com atacantes habilidosos ou noções de transição entre as linhas ofensivas podem confundir a marcação e anular a vantagem do trabalho em bloco.

- 6 m – ponta-esquerda, ponta-direita, central recuado;
- 9 m – lateral esquerdo, lateral direito, central avançado.

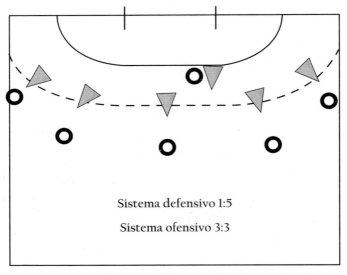

FIGURA 3.11 – Esquema de sistema defensivo (1:5) e ofensivo (3:3) (Extraído de: www.hcrbrasil.com.br).

Sistema 5:1

O sistema 5:1, que é uma inversão do 1:5, permite concentrar a ação ofensiva sobre o armador central, desacelerando a movimentação de bola e dando mais consistência ao trabalho defensivo em bloco, sem perder de vista as possibilidades de interceptação de passe e contra-ataque, principalmente do central avançado.

- 6 m – ponta-esquerda, ponta-direita, central recuado;
- 9 m – lateral esquerdo, lateral-direito, central avançado.

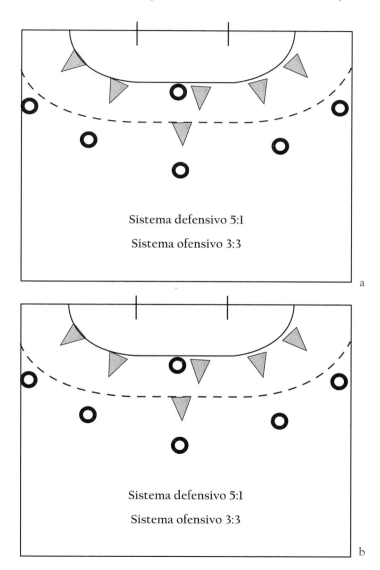

Figura 3.12 – Esquema de sistema defensivo (5:1) e ofensivo (3:3) (Extraído de: www.hcrbrasil.com.br).

Sistema 4:2

Utilizado quando o adversário apresenta armadores laterais com muita eficiência em arremessos de longa distância, combinados com central e pontas com pouca mobilidade, caso contrário os espaços abertos pelo avanço dos dois centrais acaba por tornar a linha de 6 m muito acessível para pontas e, principalmente, para os pivôs.

- 6 m – ponta-esquerda, ponta-direita, lateral esquerdo, lateral direito;
- 9 m – central avançado esquerdo, central avançado direito.

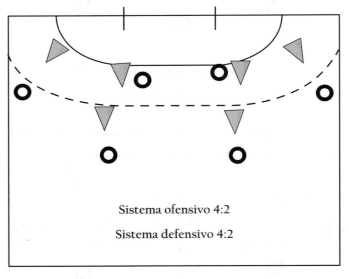

Figura 3.13 – Esquema de sistema ofensivo e defensivo (Extraído de www.hcrbrasil.com.br).

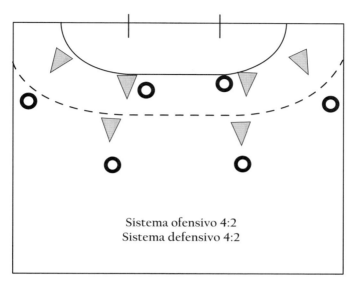

FIGURA 3.14 – Esquema de sistema defensivo e ofensivo (4:2) (Extraído de: www.hcrbrasil.com.br).

Sistema 6:0
O trabalho em bloco cria uma barreira dificilmente transponível por infiltrações, exigindo do ataque eficácia nos arremessos de longa distância e muita mobilidade para a realização de transições entre as linhas, que, combinadas com bloqueios ofensivos, principalmente do pivô, podem descontinuar o trabalho em bloco, abrindo espaços para infiltrações e arremessos da linha de 6m.

- 6 m – ponta-esquerda, lateral esquerdo, central esquerdo (meia-esquerda), central direito (meia-direita), lateral direito, ponta-direita.

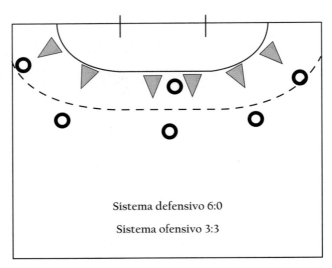

Figura 3.15 – Esquema de sistema defensivo (6:0) e ofensivo (3:3) (Extraído de: www.hcrbrasil.com.br).

Defesa mista

Ocorre quando a habilidade ofensiva de um ou dois atacantes exige marcação individual específica. Em categorias de iniciação esportiva, não se recomenda a utilização desse tipo de marcação.

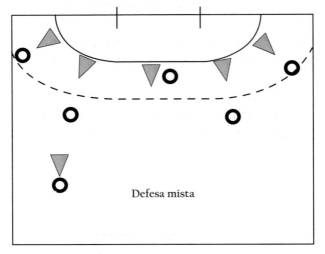

Figura 3.16 – Esquema de defesa mista (Extraído de: www.hcrbrasil.com.br).

4
AVALIAÇÃO MOTORA EM HANDEBOL EM CADEIRA DE RODAS

José Irineu Gorla
Décio Roberto Calegari
Anselmo de Athayde Costa e Silva

4.1 Métodos de avaliação física no handebol em cadeira de rodas

4.1.1 Medidas antropométricas

4.1.1.1 Estatura

Para pessoas com lesões medulares – posição supina
É mensurada com um estadiômetro de alumínio anodizado com escala gravada a *laser* da marca Cardiomed, com 220 cm e precisão de 0,1 cm. O avaliado deverá estar em decúbito dorsal sobre um colchonete.

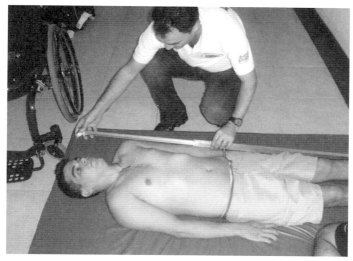

FIGURA 4.1 – Forma correta de medir a estatura de uma pessoa com lesão medular.

Para pessoas com amputação e poliomielite
Para as medidas de estatura, utiliza-se um estadiômetro de madeira, com escala de precisão de 0,1 cm juntamente com um cursor construído para essa finalidade. O avaliado deve ficar em posição or-

tostática (em pé), com os pés unidos tentando pôr em contato, com o instrumento de medida, as superfícies posteriores do calcanhar, da cintura pélvica, da cintura escapular e da região occipital. A medida é determinada com o avaliado em apneia inspiratória e com a cabeça orientada no plano de Frankfurt, paralela ao solo. A medida corresponde à distância da região plantar ao vértex, exigindo-se que o avaliado esteja descalço (Heyward e Stolarczyk, 2000).

4.1.1.2 MEDIDAS DE DOBRAS CUTÂNEAS

Os instrumentos utilizados para avaliar as medidas antropométricas são: a) compasso de dobras cutâneas, b) fita antropométrica e c) paquímetro de diâmetro ósseo feito de madeira.

Quanto aos procedimentos para as medidas de dobras cutâneas, recomenda-se aferir a espessura da dobra cutânea na região subescapular no hemicorpo direito. Os indivíduos devem ser ajudados a permanecer em postura ereta com os membros superiores paralelos ao tronco.

A circunferência abdominal deve ser aferida com os indivíduos sentados em suas próprias cadeiras. A fita antropométrica deve ser colocada à altura do umbigo. A circunferência da panturrilha deve ser aferida com a fita antropométrica à altura medial da tíbia. Com os indivíduos em uma posição ereta e com a ajuda de um dos avaliadores, aferir o diâmetro ósseo do tórax, à altura do mamilo.

Para análise dos dados coletados, devem ser utilizadas duas equações:

a) proposta por Bulbulian et al. (1987), foi desenvolvida para estimar a densidade corporal:

Densidade corporal = 1,09092 + 0,00296 (diâmetro torácico em cm) − 0,00072 (dobra cutânea subescapular em mm) − 0,00182

(circunferência abdominal em cm) + 0,00124 (circunferência da panturrilha medial em cm)
Erro padrão de estimativa = 0,0064

b) Para a estimativa do percentual de gordura, utiliza-se a seguinte equação (Siri, 1961):

% Gord = (4.95/Dens − 4.50)100.

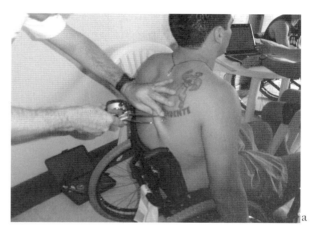

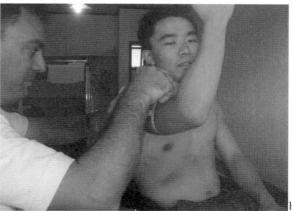

FIGURA 4.2 − Medida de dobra cutânea e de circunferência.

4.1.2 AGILIDADE

4.1.2.1 TESTE DE AGILIDADE SOBRE CADEIRAS DE RODAS

Material: cinco cones e um cronômetro.
Objetivo: medir a habilidade de correr com mudança de posição da cadeira em zigue-zague entre cones.
Direções: o avaliado inicia o teste atrás da linha de partida. Ao ser dado o comando inicial, correrá em zigue-zague entre os cones, indo e voltando em uma única tentativa.
Resultado: o resultado será o tempo gasto para executar a tarefa.

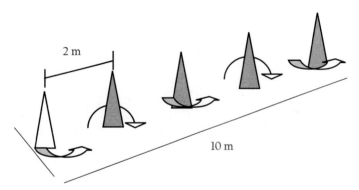

FIGURA 4.3 – Teste de agilidade.

4.1.2.2 Teste de velocidade

Trata-se de uma corrida de 40 metros lançados sobre cadeiras de rodas esportivas.
Objetivo: medir a velocidade de deslocamento sobre cadeiras de rodas.
Equipamento: cadeira de rodas esportiva e cronômetro.
Direções: são as mesmas do teste de 50 metros. A diferença é que o avaliado possui um espaço de 5 metros antes da linha de partida

e 5 metros de segurança depois da linha final. Ele deve iniciar o teste na hora em que se sentir pronto. Ao passar a linha de partida, o avaliador deverá abaixar o braço para que o avaliador que estiver na linha de chegada possa acionar o cronômetro (Winnick e Short, 2001).

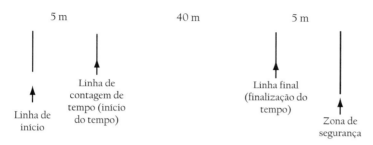

Figura 4.4 – Teste de velocidade.

4.1.2.3 Teste de força de preensão manual (FPM)

Neste teste, os participantes devem comprimir um dinamômetro de empunhadura com a mão mais forte, a fim de gerar tanta força quanto for possível. O teste é desenvolvido para medir a força da mão e do braço. O avaliado deve ficar sentado em uma cadeira sem apoio para os braços e com os pés planos sobre o chão. O avaliador deve, primeiramente, ajustar a alça do dinamômetro para se acomodar na mão do avaliado. Quando o dinamômetro é comprimido, a segunda falange deverá repousar sobre a alça ajustável. Uma vez que o dinamômetro foi ajustado para a posição correta, o avaliado deve comprimir a alça o máximo possível. A mão que segura dinamômetro deve ser mantida longe do corpo e da cadeira enquanto o teste é realizado.

Equipamento: um dinamômetro de empunhadura com alça ajustável do tipo JAMAR.

Modificações do teste: os avaliados podem ficar sentados em uma cadeira de rodas ou sobre outra superfície, de modo que o teste possa ser aplicado apropriadamente.

Resultados e tentativas: são feitas três tentativas. É preciso manter, pelo menos, 30 segundos entre as tentativas para cada mão. O ponteiro deverá retornar ao zero depois de cada tentativa. O avaliador registra o resultado do participante aproximando do quilograma mais próximo. O resultado mediano das três tentativas servirá como resultado-critério.

Figura 4.5 – Teste de força de preensão manual, realizado com dinamômetro de empunhadura com alça ajustável.

4.1.2.4 Teste em cicloergômetro de braço (Haddad et al., 1997)

O teste foi escolhido por já ter sido utilizado em uma população parecida com a que será estudada nessa pesquisa. Assim sendo, torna-se significativo por estar validado para a população cadeirante.

O teste será realizado em um cicloergômetro de braço da marca Cefise, modelo M4100, e terá início com o ajuste do cicloergômetro de modo que os ombros do avaliado fiquem na mesma altura do eixo de suas manivelas. Em seguida, o avaliado experimentará por três minutos o equipamento para se familiarizar com seu funcionamento. Após esses minutos iniciais, o avaliado descansará por mais três minutos para, em seguida, dar início ao teste.

O teste se iniciará com uma carga livre e, a cada estágio de três minutos de duração, será acrescentada uma carga equivalente a 20 W para as mulheres e 25 W para os homens, mantendo-se um ritmo de ciclagem entre 83 e 95 rpm para ambos os sexos. Entre um estágio e outro, será dado um intervalo ativo de um minuto com velocidade individualizada, mantendo-se o mesmo ritmo de ciclagem.

O teste será interrompido quando o avaliado demonstrar exaustão ou pedir para interrompê-lo.

Para efeito da análise do VO_2máx, será utilizado um analisador de gases de circuito aberto da marca Cefise, modelo VLA SG6. O VO_2máx será o maior valor obtido pelo avaliado durante o teste.

Serão aferidas, em cada um dos voluntários, a frequência cardíaca (FC), a pressão arterial sistólica (PAS) e a pressão arterial diastólica (PAD) antes do início do teste, no final de cada estágio, no término do teste e após 1,5, 10 e 15 minutos de descanso.

A FC será aferida por um monitor cardíaco da marca Polar®, modelo S625X. A PAS e a PAD serão aferidas sempre no braço direito por um esfigmomanômetro anaeródico da marca Solidor, modelo CE 0483, com escala de precisão de 2,0 mmHg.

Figura 4.6 – Atleta realizando teste em cicloergômetro de braço.

4.1.2.5 Teste de pista

Material: dezesseis cones e um cronômetro.

Objetivo: medir a habilidade de correr em volta de um retângulo de 25 m x 15 m durante 12 minutos. Os cones estarão a 5 m de distância um do outro.

Direções: o avaliado inicia o teste atrás da linha de partida. Ao ser dado o comando inicial, correrá ao lado dos cones em sentido anti-horário até o comando de parar ao final dos 12 minutos.

Resultado: o resultado será a metragem percorrida em 12 minutos.

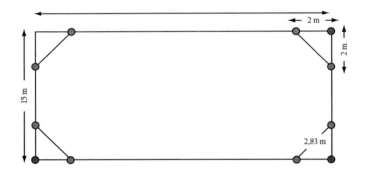

Figura 4.7 – Esquema do teste de 12 minutos adaptado em quadra para cadeirantes.

4.2 Avaliação do desempenho técnico: Scout

A avaliação por meio de Scout é um recurso utilizado para monitorar o desempenho técnico dos atletas durante os jogos, onde são registrados erros e acertos nos fundamentos técnicos por parte dos atletas.

Este tipo de avaliação tem sido realizado desde a criação do HCR em 2006 e tem subsidiado tanto o trabalho de treinadores como o desenvolvimento da modalidade. No Quadro 4.1 são apresentados alguns estudos realizados por meio deste instrumento.

Quadro 4.1 – Estudos realizados por meio do Scout

Autores	Título	Ano
Calegari, Costa e Silva, Strapasson, Gorla e Araújo	*Análise de desempenho em equipes de handebol em cadeira de rodas (HCR)*	2008
Calegari, Gorla, Araújo, Carminato, Costa e Silva, Andrade	*Performance analysis of wheelchair handballl players in local competition*	2008
Calegari, Silva, Bertapelli, Alberton, Lovo, Ragazzan, Carminato e Gorla	*Análise estatística de desempenho das equipes participantes da copa oeste de handebol 7 em cadeira de rodas*	2006
Silva, Bertapelli, Alberton, Lovo, Ragazzan, Calegari, Carminato e Gorla	*Análise estatística de desempenho da equipe unipar toledo na copa oeste de handebol 7 em cadeira de rodas*	2006
Bertapelli, Silva, Alberton, Lovo, Ragazzan, Calegari, Carminato e Gorla	*Análise estatística de desempenho da equipe fag/cascavel na copa oeste de handebol 7 em cadeira de rodas*	2006
Silva, Bertapelli, Ragazzan, Lovo, Alberton, Calegari, Carminato e Gorla	*Análise estatística de desempenho da equipe unipar/umuarama na copa este de handebol 7 em cadeira de rodas*	2006

Os dados coletados são registrados em planilha preenchida manualmente por no mínimo dois avaliadores (recomenda-se a utilização de quatro avaliadores) e permitem vários tipos de análises:

1ºCampeonato Brasileiro de HANDEBOL em Cadeira de Rodas

Competição: ____________________

A			B

Data ___/___/___

Local ____________

Horário ____________

Equipe:

ERROS TÉCNICOS						n	cf	ATLETA	Tempo: ERROS DE FINALIZAÇÃO					1º GOLS	2º		3º
Passe	Recep.	Drible	Andada	Invasão	Fal/at				Fora	Trave	Goleiro	Bloq.	C/A	9m	6m	7m	C/A
1 2 3 4 5 6 7 8 9 10	1 2 3 4 5 6 7 8 9 10	1 2 3 4 5 6 7 8 9 10	1 2 3 4 5 6 7 8 9 10	1 2 3 4 5 6 7 8 9 10	1 2 3 4 5 6 7 8 9 10	1			9 9 9 9 9 6 6 6 6 6	9 9 9 9 9 6 6 6 6 6	9 9 9 9 9 6 6 6 6 6	9 9 9 9 9 6 6 6 6 6	1 2 3 4 5 6 7 8 9	1 2 3 4 5 6 7 8 9	1 2 3 4 5 6 7 8 9	1 2 3 4 5 6 7 8 9	1 2 3 4 5 6 7 8 9
1 2 3 4 5 6 7 8 9 10	1 2 3 4 5 6 7 8 9 10	1 2 3 4 5 6 7 8 9 10	1 2 3 4 5 6 7 8 9 10	1 2 3 4 5 6 7 8 9 10	1 2 3 4 5 6 7 8 9 10	2			9 9 9 9 9 6 6 6 6 6	9 9 9 9 9 6 6 6 6 6	9 9 9 9 9 6 6 6 6 6	9 9 9 9 9 6 6 6 6 6	1 2 3 4 5 6 7 8 9	1 2 3 4 5 6 7 8 9	1 2 3 4 5 6 7 8 9	1 2 3 4 5 6 7 8 9	1 2 3 4 5 6 7 8 9
1 2 3 4 5 6 7 8 9 10	1 2 3 4 5 6 7 8 9 10	1 2 3 4 5 6 7 8 9 10	1 2 3 4 5 6 7 8 9 10	1 2 3 4 5 6 7 8 9 10	1 2 3 4 5 6 7 8 9 10	3			9 9 9 9 9 6 6 6 6 6	9 9 9 9 9 6 6 6 6 6	9 9 9 9 9 6 6 6 6 6	9 9 9 9 9 6 6 6 6 6	1 2 3 4 5 6 7 8 9	1 2 3 4 5 6 7 8 9	1 2 3 4 5 6 7 8 9	1 2 3 4 5 6 7 8 9	1 2 3 4 5 6 7 8 9
1 2 3 4 5 6 7 8 9 10	1 2 3 4 5 6 7 8 9 10	1 2 3 4 5 6 7 8 9 10	1 2 3 4 5 6 7 8 9 10	1 2 3 4 5 6 7 8 9 10	1 2 3 4 5 6 7 8 9 10	4			9 9 9 9 9 6 6 6 6 6	9 9 9 9 9 6 6 6 6 6	9 9 9 9 9 6 6 6 6 6	9 9 9 9 9 6 6 6 6 6	1 2 3 4 5 6 7 8 9	1 2 3 4 5 6 7 8 9	1 2 3 4 5 6 7 8 9	1 2 3 4 5 6 7 8 9	1 2 3 4 5 6 7 8 9
1 2 3 4 5 6 7 8 9 10	1 2 3 4 5 6 7 8 9 10	1 2 3 4 5 6 7 8 9 10	1 2 3 4 5 6 7 8 9 10	1 2 3 4 5 6 7 8 9 10	1 2 3 4 5 6 7 8 9 10	5			9 9 9 9 9 6 6 6 6 6	9 9 9 9 9 6 6 6 6 6	9 9 9 9 9 6 6 6 6 6	9 9 9 9 9 6 6 6 6 6	1 2 3 4 5 6 7 8 9	1 2 3 4 5 6 7 8 9	1 2 3 4 5 6 7 8 9	1 2 3 4 5 6 7 8 9	1 2 3 4 5 6 7 8 9
1 2 3 4 5 6 7 8 9 10	1 2 3 4 5 6 7 8 9 10	1 2 3 4 5 6 7 8 9 10	1 2 3 4 5 6 7 8 9 10	1 2 3 4 5 6 7 8 9 10	1 2 3 4 5 6 7 8 9 10	6			9 9 9 9 9 6 6 6 6 6	9 9 9 9 9 6 6 6 6 6	9 9 9 9 9 6 6 6 6 6	9 9 9 9 9 6 6 6 6 6	1 2 3 4 5 6 7 8 9	1 2 3 4 5 6 7 8 9	1 2 3 4 5 6 7 8 9	1 2 3 4 5 6 7 8 9	1 2 3 4 5 6 7 8 9
1 2 3 4 5 6 7 8 9 10	1 2 3 4 5 6 7 8 9 10	1 2 3 4 5 6 7 8 9 10	1 2 3 4 5 6 7 8 9 10	1 2 3 4 5 6 7 8 9 10	1 2 3 4 5 6 7 8 9 10	7			9 9 9 9 9 6 6 6 6 6	9 9 9 9 9 6 6 6 6 6	9 9 9 9 9 6 6 6 6 6	9 9 9 9 9 6 6 6 6 6	1 2 3 4 5 6 7 8 9	1 2 3 4 5 6 7 8 9	1 2 3 4 5 6 7 8 9	1 2 3 4 5 6 7 8 9	1 2 3 4 5 6 7 8 9
1 2 3 4 5 6 7 8 9 10	1 2 3 4 5 6 7 8 9 10	1 2 3 4 5 6 7 8 9 10	1 2 3 4 5 6 7 8 9 10	1 2 3 4 5 6 7 8 9 10	1 2 3 4 5 6 7 8 9 10	8			9 9 9 9 9 6 6 6 6 6	9 9 9 9 9 6 6 6 6 6	9 9 9 9 9 6 6 6 6 6	9 9 9 9 9 6 6 6 6 6	1 2 3 4 5 6 7 8 9	1 2 3 4 5 6 7 8 9	1 2 3 4 5 6 7 8 9	1 2 3 4 5 6 7 8 9	1 2 3 4 5 6 7 8 9
1 2 3 4 5 6 7 8 9 10	1 2 3 4 5 6 7 8 9 10	1 2 3 4 5 6 7 8 9 10	1 2 3 4 5 6 7 8 9 10	1 2 3 4 5 6 7 8 9 10	1 2 3 4 5 6 7 8 9 10	9			9 9 9 9 9 6 6 6 6 6	9 9 9 9 9 6 6 6 6 6	9 9 9 9 9 6 6 6 6 6	9 9 9 9 9 6 6 6 6 6	1 2 3 4 5 6 7 8 9	1 2 3 4 5 6 7 8 9	1 2 3 4 5 6 7 8 9	1 2 3 4 5 6 7 8 9	1 2 3 4 5 6 7 8 9
1 2 3 4 5 6 7 8 9 10	1 2 3 4 5 6 7 8 9 10	1 2 3 4 5 6 7 8 9 10	1 2 3 4 5 6 7 8 9 10	1 2 3 4 5 6 7 8 9 10	1 2 3 4 5 6 7 8 9 10	10			9 9 9 9 9 6 6 6 6 6	9 9 9 9 9 6 6 6 6 6	9 9 9 9 9 6 6 6 6 6	9 9 9 9 9 6 6 6 6 6	1 2 3 4 5 6 7 8 9	1 2 3 4 5 6 7 8 9	1 2 3 4 5 6 7 8 9	1 2 3 4 5 6 7 8 9	1 2 3 4 5 6 7 8 9
1 2 3 4 5 6 7 8 9 10	1 2 3 4 5 6 7 8 9 10	1 2 3 4 5 6 7 8 9 10	1 2 3 4 5 6 7 8 9 10	1 2 3 4 5 6 7 8 9 10	1 2 3 4 5 6 7 8 9 10	11			9 9 9 9 9 6 6 6 6 6	9 9 9 9 9 6 6 6 6 6	9 9 9 9 9 6 6 6 6 6	9 9 9 9 9 6 6 6 6 6	1 2 3 4 5 6 7 8 9	1 2 3 4 5 6 7 8 9	1 2 3 4 5 6 7 8 9	1 2 3 4 5 6 7 8 9	1 2 3 4 5 6 7 8 9
1 2 3 4 5 6 7 8 9 10	1 2 3 4 5 6 7 8 9 10	1 2 3 4 5 6 7 8 9 10	1 2 3 4 5 6 7 8 9 10	1 2 3 4 5 6 7 8 9 10	1 2 3 4 5 6 7 8 9 10	12			9 9 9 9 9 6 6 6 6 6	9 9 9 9 9 6 6 6 6 6	9 9 9 9 9 6 6 6 6 6	9 9 9 9 9 6 6 6 6 6	1 2 3 4 5 6 7 8 9	1 2 3 4 5 6 7 8 9	1 2 3 4 5 6 7 8 9	1 2 3 4 5 6 7 8 9	1 2 3 4 5 6 7 8 9
1 2 3 4 5 6 7 8 9 10	1 2 3 4 5 6 7 8 9 10	1 2 3 4 5 6 7 8 9 10	1 2 3 4 5 6 7 8 9 10	1 2 3 4 5 6 7 8 9 10	1 2 3 4 5 6 7 8 9 10	13			9 9 9 9 9 6 6 6 6 6	9 9 9 9 9 6 6 6 6 6	9 9 9 9 9 6 6 6 6 6	9 9 9 9 9 6 6 6 6 6	1 2 3 4 5 6 7 8 9	1 2 3 4 5 6 7 8 9	1 2 3 4 5 6 7 8 9	1 2 3 4 5 6 7 8 9	1 2 3 4 5 6 7 8 9
1 2 3 4 5 6 7 8 9 10	1 2 3 4 5 6 7 8 9 10	1 2 3 4 5 6 7 8 9 10	1 2 3 4 5 6 7 8 9 10	1 2 3 4 5 6 7 8 9 10	1 2 3 4 5 6 7 8 9 10	14			9 9 9 9 9 6 6 6 6 6	9 9 9 9 9 6 6 6 6 6	9 9 9 9 9 6 6 6 6 6	9 9 9 9 9 6 6 6 6 6	1 2 3 4 5 6 7 8 9	1 2 3 4 5 6 7 8 9	1 2 3 4 5 6 7 8 9	1 2 3 4 5 6 7 8 9	1 2 3 4 5 6 7 8 9
_+_	_+_	_+_	_+_	_+_	_+_	TOTAIS			9_+_ 6_+_	9_+_ 6_+_	9_+_ 6_+_	9_+_ 6_+_	9_+_ 6_+_	_+_	_+_	_+_	_+_
+ = ____									+ = ____					+ = ____			

PUNIÇÕES															

GOLS DO ADVERSÁRIO																									

CLASSIFICADOR: ____________________ ÁRBITRO(A)____________________ ÁRBITRO(A)____________________

Secretário(a): ____________________ Secretário(a): ____________________ Calegari (2009)

FIGURA 4.8 – Planilha Scout – 2009.

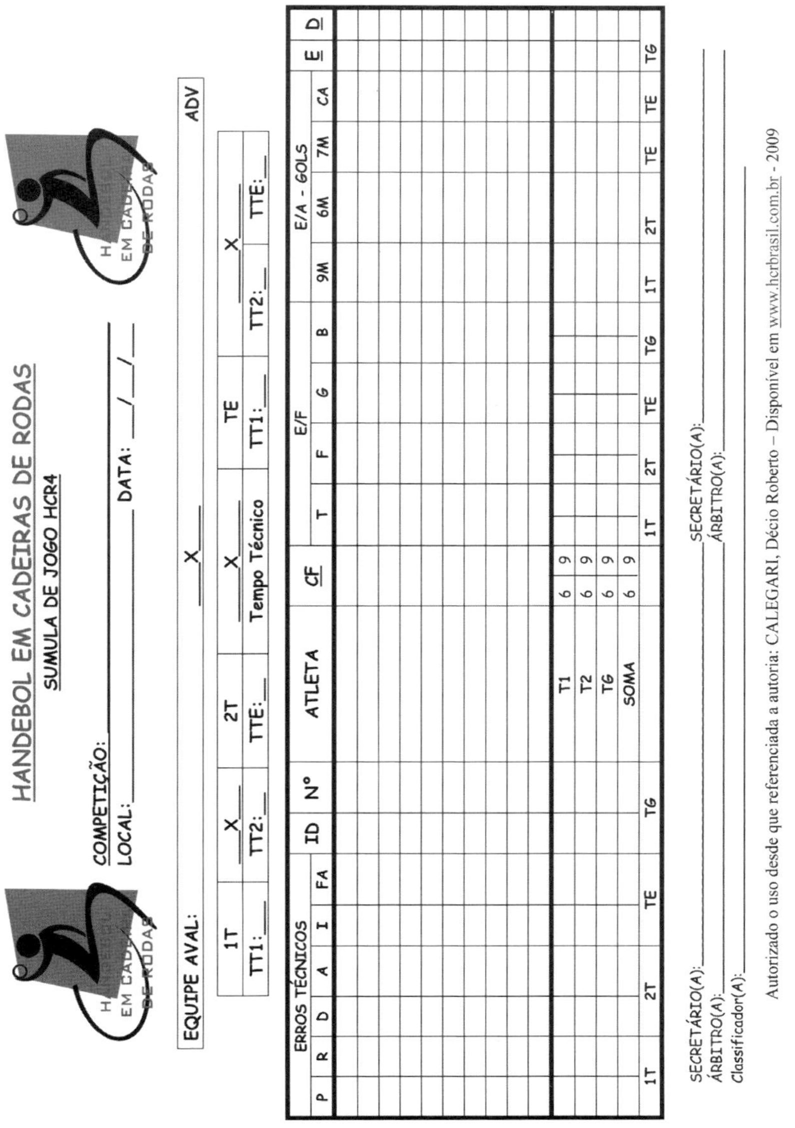
HANDEBOL EM CADEIRAS DE RODAS

SUMULA DE JOGO HCR4

COMPETIÇÃO:

LOCAL: ________ DATA: __/__/__

EQUIPE AVAL: ____ X ____ ADV

1T	X	2T	X	TE	X
TT1:__	TT2:__	TTE:__	Tempo Técnico	TT1:__	TT2:__	TTE:__

ERROS TÉCNICOS						ID	Nº	ATLETA	CF	E/F				E/A - GOLS					E	D
P	R	D	A	I	FA					T	F	G	B	9M	6M	7M	CA			
								T1	6 9											
								T2	6 9											
								TG	6 9											
								SOMA	6 9											
1T	2T	TE	TG							1T	2T	TE	TG	1T	2T	TE	TE	TG		

SECRETÁRIO(A):

ÁRBITRO(A):

Classificador(A):

SECRETÁRIO(A):

ÁRBITRO(A):

Autorizado o uso desde que referenciada a autoria: CALEGARI, Décio Roberto – Disponível em www.hcrbrasil.com.br - 2009

FIGURA 4.9 – Súmula de jogo HCR4.

A título de exemplo, será apresentado o relatório de desempenho da equipe ATACAR/UNIPAR – Toledo/PR que participou da 10ª Itajai International Handball Cup 2009:

4.2.1 Relatório técnico de desempenho da equipe de HCR 7

Quadro 4.2 – Indicadores individuais de desempenho das equipes

Núm	Atleta	Equipe ATACAR	CF 4,0	Erro técnico Passe	Recepção	Drible	Andada	Invasão	F/A	Erro finalização Fora 6	Fora 9	Trave 6	Trave 9	Golei. 6	Golei. 9	Bloq. 6	Bloq. 9	Adv	Gols 9	6	7	C/A	PB
1	Diogo		4,0	1	0	0	0	0	1	0	0	1	1	3	0	1	0	A	0	5	0	0	13
2	Claudinei		4,5	0	0	0	0	0	0	3	1	2	1	6	1	1	0		0	7	0	0	22
3	Jaime		2,5	1	0	1	0	0	0	0	0	1	0	4	0	0	0	A,2	0	5	0	0	12
4	Sandra		1,5	0	0	0	0	0	0	0	0	0	0	0	0	0	0		0	0	0	0	0
5	Marcio		3,0	0	0	0	0	0	0	1	0	2	0	1	0	0	0		0	2	0	0	6
6	Paulo		1,5	0	2	0	0	2	0	1	1	3	0	1	0	0	0		1	6	0	0	17
7	Rodrigo		1,0	1	0	0	0	0	0	0	0	0	0	0	0	0	0		0	0	0	0	1
8	Sidney		4,0	0	0	0	0	0	0	3	0	2	0	0	0	0	0		0	1	0	0	7
9	Shirlei		3,5	0	0	0	0	0	0	0	0	0	1	0	1	0	0		0	0	0	0	1
10	Paulinho		1,0	1	0	0	0	0	0	0	0	0	0	2	0	1	0		0	2	0	0	6

Técnico: Anselmo de A. Costa e Silva

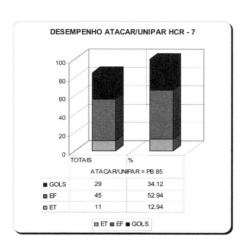

ET = Erros técnicos: Passe, recepção, drible, andada, invasão e falta de ataque.
EF = Erros de Finalização: Fora (6 m e 9 m), trave (6 m e 9 m), goleiro (6 m e 9 m), bloqueio (6 m e 9 m); GOLS = Efetividade de ataque: 9 metros, 6 metros, 7 metros e contra-ataque.
PB = posse de bola.

Figura 4.10 – Desempenho da equipe ATACAR.

Quadro 4.3 – Comparativo detalhado entre as equipes de HCR

Equipes	Erro técnico						Erro finalização								Gols			
	Passe	Recepção	Drible	Andada	Invasão	F/a	Fora 6 m	Fora 9 m	Trave 6 m	Trave 9 m	Golei. 6 m	Golei. 9 m	Bloq. 6 m	Bloq. 9 m	9 m	6 m	7 m	Contra-ataque.
ATACAR/UNIPAR = PB 85	4	3	1	0	2	1	8	2	11	3	17	2	2	0	1	28	0	0
Roda Solta = PB 78	16	12	1	1	2	0	4	0	1	1	20	4	1	0	4	10	1	0
Fco. Beltrão = PB 84	17	15	1	0	1	0	4	9	2	1	15	12	0	1	1	5	0	0

4.3 BATERIA DE TESTES DE HABILIDADES MOTORAS PARA HCR

A Bateria proposta por Costa e Silva, Gorla e Calegari (no prelo) é composta de cinco testes de habilidades motoras que têm por objetivo mensurar as variáveis que influenciam o desempenho motor dos atletas de HCR.

4.3.1 TESTE DE PRECISÃO DE PASSES E ARREMESSOS

O atleta deverá ficar a 2 metros de uma parede, onde realizará passes a si mesmo, o mais rápido possível, utilizando a parede, durante o intervalo de um minuto.

Para cada passe/recepção executados, conta-se um ponto. Não é considerado ponto: se deixar a bola cair após a recepção; se ocorrer invasão da área de 2 metros.

A pontuação do teste será o total de pontos conseguidos no intervalo de um minuto.

4.3.2 TESTE DE VELOCIDADE 20 METROS LANÇADOS (ADAPTADO DE YILLA E SHERRILL, 1998)

Este teste é proposto para avaliar a velocidade de deslocamento num percurso de 20 metros.

Material: percurso reto de 22 metros demarcado com início e fim por 4 cones; 1 cronômetro, 1 fita crepe;

Execução: o atleta posiciona-se atrás da linha inicial, demarcada por fita. Ao comando do avaliador deverá se deslocar até a linha final da forma mais rápida possível. São duas tentativas e a melhor será computada para análise. O resultado do teste é o tempo gasto para vencer o percurso.

O avaliador estará posicionado junto à linha final para anotar o tempo do teste. O avaliador auxiliar estará junto à linha inicial para informar ao avaliador o momento em que o atleta inicia e também para monitorar se o atleta não está posicionado em cima da linha, de forma a obter vantagem.

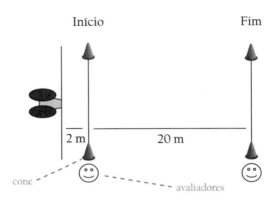

FIGURA 4.11 – Percurso do teste de velocidade 20 metros lançados.

4.3.3 TESTE DE DESEMPENHO DE BLOQUEIO

Este teste busca mensurar a habilidade de bloqueio e envolve os componentes de agilidade e velocidade. O mesmo faz parte da Bateria BECK de testes de habilidade para Rugby em Cadeira de Rodas, (Yilla e Sherril,1998).

Para o teste são consideradas duas tentativas e o melhor resultado é computado para análises.

O atleta se desloca em velocidade e simula um bloqueio na Cadeira A, sendo que o bloqueio deve ser executado na parte lateral da cadeira. O atleta então faz o mesmo com cadeira B. A seguir, retorna à cadeira A e realiza um outro bloqueio na lateral da cadeira. Este processo continua até que os bloqueios tenham sido realizados em todos os lados das cadeiras em todo o percurso. A contagem para cada tentativa é o tempo total para concluir o percurso.

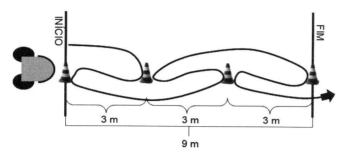

Figura 4.12 – Percurso do teste de desempenho de bloqueio.

4.3.4 Teste de condução de bola (adaptado de Brasile, 1990)

Objetivo: conduzir a bola o mais rápido possível de acordo com as regras de condução do HCR, dentro do percurso demarcado pelos seis cones.

Material: 6 (seis) cones e um percurso padrão (em relação ao tamanho do cone utilizado) variando de 18 a 20 metros para todo o percurso. Distância de 3 metros entre os cones.

O percurso é conforme descrito na figura a seguir:

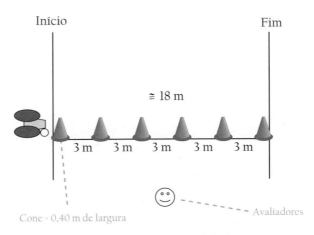

FIGURA 4.13 – Percurso do teste de condução de bola.

Execução: O atleta devera estar posicionado antes da linha de inicio do teste e ao sinal do avaliador ele deverá sair driblando em zigue-zague contornando os cones, o mais rápido possível.

Se o atleta tocar no cone ou cometer violação na regra do drible do HCR, será acrescido 1 segundo ao tempo final.

São duas tentativas válidas e o melhor resultado computado para análises.

4.3.5 Teste para estimativa de eficácia de arremesso (Adaptado de Zin, 1981, apud Daronco, Etchepare e Rech, 2005)

Objetivo: Avaliar a eficácia de arremessos dos jogadores. Os mesmos devem arremessar contra o gol, dividido em zonas de pontuação a fim de obter a maior pontuação ao final do teste.

Material: Bolas de handebol, gol, placa de metal para redução da trave.

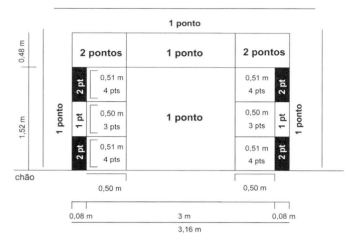

FIGURA 4.14 – Zonas de pontuação na trave de HCR para o teste de eficácia de arremesso.

Execução: No arremesso, o valor do local no qual a bola foi arremessada é computado.

O teste é composto por duas séries de arremessos tentativas em cada, sendo:

a) Arremesso da linha dos 6 metros: Parado, com recepção e giro e com recepção em movimento, totalizando 9 arremessos da linha dos 6 metros.

b) Arremesso da linha dos 9 metros: Parado, com recepção e giro e com recepção em movimento, totalizando 9 arremessos da linha dos 6 metros.

Ao todo são 18 arremessos e a diferença entre as duas séries está na distância.

Para a execução no modo parado, o atleta deverá se posicionar com as rodas dianteiras da cadeira atrás da linha dos 6 metros (mesma regra de invasão). Para a execução do giro, o atleta ficará posicionado de costas para o gol e receberá a bola de um auxiliar que estará posicionado a 2 metros do mesmo. Ao receber a bola, o sujeito executará o giro para o lado de sua escolha e realizará o arremesso, tomando o cuidado de não cometer a invasão.

Em deslocamento, o atleta estará a uma distancia de 12 metros do gol e irá se deslocar em direção ao mesmo, quando receberá o passe do auxiliar a um metro antes da linha dos 9 metros. Não poderá invadir a linha dos 6 antes de executar o arremesso.

Para a execução da série com 9 metros de distância, as regras são as mesmas, sendo que, para as modalidades paradas e com giro, a referência é a linha pontilhada. Para o arremesso com deslocamento, o atleta estará inicialmente posicionado ao meio da quadra, recebendo a bola 3 metros antes da linha pontilhada para executar o arremesso.

A contagem dos pontos para esta tentativa será conforme a figura 1 e as bolas arremessadas para fora receberão 0 (zero) ponto. A soma dos pontos nas duas séries será computada para a análise dos dados.

Referências

ADAMS, R. C. et al. Jogos e exercícios para o deficiente físico. São Paulo: Manole, 1985.

ARAÚJO, L. A. D. A proteção constitucional das pessoas portadoras de deficiência. 3. ed. Brasília: Corde, 2003.

ARAÚJO, P. F. A educação física para pessoas portadoras de deficiências. 1. ed. Campinas: Editora da Unicamp, 1998.

_____. Desporto adaptado no Brasil: origem, institucionalização e atualidade. São Paulo: Ministério da Educação e do Desporto (Indesp), 1997. p. 52.

_____. A educação física para pessoas portadoras de deficiências nas instituições especializadas de Campinas. Campinas: Editora da Unicamp, 1999.

_____. O desporto adaptado no Brasil: onde tudo começou. In: Desafiando as diferenças. In: SIMPÓSIO SESC DE ATIVIDADES FÍSICAS ADAPTADAS. São Carlos: SESC São Carlos, 2003.

_____. Desporto para pessoas em condições de deficiências: desenvolvimento e perspectivas – "Uma visão acadêmica". In: SIMPÓSIO PARANANENSE DE EDUCAÇÃO FÍSICA E ESPORTE ADAPTADO, 1., 2006, Paraná. Anais... Paraná: UNIPAR, 2006.

BELASCO JR., D.; SILVA, A. C. Consistência dos resultados do teste de corrida em ziguezague de Barrow (modificado) em jogadores de basquetebol em cadeiras de rodas. In: International Congress Of Motor Rehabilitation, 2. ed., Águas de Lindoia, 1998

BULBULIAN, R. et al. Body composition in paraplegic male athletes. Med. Sci. Sports Exerc., v. 19, n. 3, p. 195-201, 1987.

BERTAPELLI, F. et al. Análise estatística de desempenho da equipe FAG/CASCAVEL na copa oeste de handebol 7 em cadeira de rodas. In: SIMPÓSIO PARANAENSE DE EDUCAÇÃO FÍSICA E ESPORTE ADAPTADO, 1., 2006, Toledo. Anais... Toledo UNIPAR, 2006.

CALEGARI, D. R. HANDEBOL EM CADEIRDA DE RODAS NO BRASIL. Disponível em: <http://www.hcrbrasil.com.br>. Acesso em: jul 2009.

CALEGARI, D. R. et al. Performance analysis of wheelchair handballl players in local competition. In: INTERNATIONAL CONVENTION ON SCIENCE, EDUCATION AND MEDICINE IN SPORT, 2008, Guangzhou. Anais... Guangzhou: ICSEMIS, 2008

_____. Análise de desempenho em equipes de handebol em cadeira de rodas (HCR). In: CONGRESSO BRASILEIRO DE EDUCAÇÃO ESPECIAL, 3., 2008. Jaboticabal. Anais... Jaboticabal: Gráfica Multipress, 2008.

_____. Análise estatística de desempenho das equipes participantes da copa oeste de handebol 7 em cadeira de rodas. In: SIMPÓSIO PARANAENSE DE EDUCAÇÃO FÍSICA E ESPORTE ADAPTADO, 1., 2006, Toledo. Anais... Toledo: UNIPAR, 2006.

CARMO, A. A. Deficiência física: a sociedade brasileira cria, recupera e discrimina. Brasília: Secretaria dos Desportos/PR, 1991.

CASTELLANI FILHO, L. Educação Física no Brasil: a história que não se conta. 4. ed. Campinas: Papirus, 1993.

COSTA e SILVA, A. A. et al. Estimativa da composição corporal em indivíduos com lesão medular praticantes de basquetebol em cadeiras de rodas. In: CONGRESSO BRASILEIRO DE ATIVIDADE MOTORA ADAPTADA; ATIVIDADE FÍSICA ADAPTADA: POLÍTICAS DE ACESSIBILIDADE, 6., 2005, Rio Claro. Anais... Rio Claro: UNESP, 2005.

COSTA e SILVA, A. A. et al. Avaliação do percentual de gordura em lesados medulares praticantes de handebol em cadeira de rodas (HCR). In: SIMPÓSIO INTERNACIONAL DE CIÊNCIAS DO ESPORTE, 30., 2007, São Paulo. **Anais...** São Paulo, 2007.

_____. Análise estatística de desempenho da equipe UNIPAR/Umuarama na copa este de handebol 7 em cadeira de rodas. In: SIMPÓSIO PARANAENSE DE EDUCAÇÃO FÍSICA E ESPORTE ADAPTADO, 1., 2006, Toledo **Anais...** Toledo. 2006.

_____. Análise estatística de desempenho da equipe UNIPAR Toledo na copa oeste de handebol 7 em cadeira de rodas. In: SIMPÓSIO PARANAENSE DE EDUCAÇÃO FÍSICA E ESPORTE ADAPTADO, 1., 2006, Toledo. **Anais...**Toledo: UNIPAR, 2006.

COSTA e SILVA, A. A.; GORLA, J. I.; CALEGARI, D. R. Validação de uma bateria de testes de habilidades para atletas de handebol em cadeira de rodas (HCR). Projeto de pesquisa. (no prelo)

DARIDO, S. C.; SANCHES NETO, L. O contexto da educação física na escola. In: DARIDO, S. C.; RANGEL, I. C. A. (Org.). **Educação física na escola**: implicações para prática pedagógica. Coleção Educação Física no Ensino Superior. Rio de Janeiro: Guanabara Koogan, 2005. p. 1-23.

ENCONTRO NACIONAL À PESSOA PORTADORA DE DEFICIÊNCIA E SUA PROBLEMÁTICA. Documento final do Projeto integrado – 1984/1985. Brasília: MEC/SEED/CENESP, 1985.

GALATTI, L. R.; PAES, R. R;. **Pedagogia do Esporte: Iniciação em Basquetebol**. 1. ed. Hortolândia: Faculdade Adventista de Educação Física – FAEF, 2007.

HADDAD, S.; SILVA, P. R. S.; BARRETO, A. C. P.; FERRARETO, I. Efeitos do Treinamento Físico de Membros Superiores de Curta Duração no Deficiente Físico com Hipertensão Arterial Leve. **Arquivos Brasileiros de Cardiologia**, v. 69, n. 3, p. 169-73, 1997.

HEYWARD, V. H. E.; STOLARCZYK, L. M. **Avaliação da composição corporal aplicada**. Barueri: Manole, 2000.

HUIZINGA, J. **Homo Ludens**: o jogo como elemento da cultura. São Paulo: Perspectiva, 1980.

MONTAGNER, P. C. **A formação do jovem atleta e a pedagogia da aprendizagem esportiva**. 1999. Tese (Doutorado) – Faculdade de Educação Física, Unicamp: Campinas, 1999.

ITANI, D. E.; ARAÚJO, P. F.; ALMEIDA, J. J. G. Esporte adaptado construido a partir das Possibilidades: Handebol Adaptado. **Revista Digital**, Buenos Aires, ano 10, n. 72, maio, 2004. Disponível em: <http://www.efdeportes. com/efd72/handebol.htm >. Acesso em: 10 de mar. 2005.

PEDRINELLI, V. J. Possibilidades na diferença: o processo de inclusão de todos nós. **Revista Integração**, ano 14, Edição Especial., 2002.

_____. Educação física adaptada: conceituação e terminologia. In: **Educação Física e desporto para pessoas portadoras de deficiência**. Brasília: MEC-SEDES, SESI-DN, 1994, p. 7-10.

PETTENGILL, N. G. **Política nacional do esporte para pessoas portadoras de deficiência**: lazer, atividade física e esporte para portadores de deficiência. Ministério do Esporte e Turismo. Brasília: SESI-DN, 2001, p. 23.

RODRIGUEZ, J. L. **A Educação Física no contexto interdisciplinar e a pessoa portadora de deficiência**. Dissertação (Mestrado). Faculdade de Educação Física, Unicamp, Campinas, 1991.

RODRIGUEZ, J. L. **Reflexões sobre programas de atendimento a adolescentes e adultos portadores de deficiência mental em instituições especializadas:** aspectos de formação e transição para a "vida ativa". Tese (Doutorado) – Faculdade de Educação Física, Unicamp, Campinas, 1998.

ROSADAS, S. C. (Org.). **Lazer, Atividade Física e Esporte para Portadores de Deficiência.** Livro Texto, 2001.

SEABRA JR. L.; ARAÚJO, P. F. Inclusão e educação física escolar: reflexões acerca do discurso e da realidade. **Revista Movimento & Percepção,** v. 1, n. 2, 2003.

SEABRA JR., L.; SILVA, R. F.; ALMEIDA, J. J. G. Educação Física escolar e inclusão: de que estamos falando? **Revista Digital,** Buenos Aires, ano 10, n. 73, jun. 2004. Disponível em: <http://www.efdeportes.com>. Acesso em: 25 jun. 2005.

SILVA, R. F. **A ação do professor de ensino superior na educação física adaptada:** construção mediada pelos aspectos dos contextos históricos, políticos e sociais. Dissertação (Mestrado) – Faculdade de Educação Física, Unicamp, Campinas, 2005.

SILVA, R. F.; ARAÚJO, P. F. **A práxis do professor de Educação Física no Ensino Regular diante da inclusão,** 2003. No prelo.

SILVA, R. F.; DUARTE, E. Inclusão educacional: uma roupa nova para um corpo velho. **Revista Digital,** Buenos Aires, ano 10, n. 69, fev. 2004a. Disponível em: <http://www.efdeportes.com>. Acesso em: 25 ago. 2005.

SILVA, R. F.; TAVARES, M. C. G. C. F. **Educação Física e sua relação com a deficiência, o movimento, o desempenho e a interface com a imagem corporal.** Campinas: Unicamp, 2004b. No prelo.

SILVA, O. M. **A epopeia ignorada**: a pessoa deficiente na história do mundo de ontem e de hoje. São Paulo: Cedas, 1987.

STROHKENDL, H. et al. Implicações para compreensão e desenvolvimento futuro da classificação funcional do desporto específico em cadeira de rodas. **Toque a Toque**, Niterói, v. 3, n. 8, p. 18-21, jan./fev. 1992.

WINNICK, J.; SHORT, F. **Testes de Aptidão Física para Portadores de Necessidades Especiais**. São Paulo: Manole, 2001.

Sobre os autores

Décio Roberto Calegari

Doutorando em Educação Física pela Faculdade de Educação Física da Universidade Estadual de Campinas. Área de concentração: Atividade Física, Adaptação e Saúde.

Mestre em Educação Brasileira pela Universidade Federal de Uberlândia – MG.

Especialista em Administração e Marketing pelo Centro de Desenvolvimento Empresarial da FAE Business School – Curitiba – PR.

Coordenador e docente do Curso de Educação Física da UNIPAR campus Toledo – PR desde sua implantação, em fevereiro de 2000.

Docente de pós-graduação com disciplinas ministradas nos cursos de Administração, Fisioterapia, Matemática, Nutrição e Handebol.

Atleta, árbitro e dirigente no Handebol Brasileiro desde 1978.

É professor universitário desde 2000.

José Irineu Gorla

Doutor em Educação Física pela Faculdade de Educação Física da Universidade Estadual de Campinas. Área de concentração: Atividade Física, Adaptação e Saúde.

Professor doutor do Departamento de Estudos da Atividade Física Adaptada – FEF/UNICAMP.

Chefe do Departamento de Estudos da Atividade Física Adaptada – FEF/UNICAMP.

Tem aperfeiçoamento em Educação Física Adaptada na Alemanha.

Foi professor da APAE entre 1987 a 1996.

Paulo Ferreira de Araújo

Doutor em Educação Física pela Faculdade de Educação Física da Universidade Estadual de Campinas, área de concentração: Atividade Física, Adaptação e Saúde.

Professor Livre - Docente do Departamento de Estudos da Atividade Física Adaptada – FEF/UNICAMP.

Diretor associado da – FEF/UNICAMP.

Coautores

Anselmo de Atahyde Costa e Silva

Licenciado em Educação Física pela Universidade Paranaense – UNIPAR.

Mestrando em Educação Física Adaptada pela UNICAMP.

Bolsista CNPQ/CAPES.

Professor Ricardo Alexandre Carminato

Licenciado em Educação Física pela Universidade do Norte do Paraná – UNOPAR.

Mestrando em Educação Física pela Universidade Federal do Paraná.

Coordenador do Curso de Educação Física da UNIPAR Campus Cianorte/PR.

SOBRE O LIVRO

Formato: 14 x 21 cm
Mancha: 9,5 x 17 cm
Tipologia: Californiam FB, VAGRounded Lt
Papel: 90 g
nº páginas: 120
1ª edição: 2010

EQUIPE DE REALIZAÇÃO

Edição de Texto
Nathalia Ferrarezi (Assistente editorial)
Renata Sangeon (Preparação do original e copidesque)
OK Linguística (Revisão)
Fernanda Fonseca (Check list)

Editoração Eletrônica
David Menezes (Projeto gráfico, diagramação, capa e tratamento de imagens)
Ricardo Howards (Ilustrações)

Impressão
HR Gráfica e Editora